KB201349

Wisdom of Mindfulness 005

쉽게, 깊이 읽는
불교입문

A MANUAL OF BUDDHISM

Wisdom of Mindfulness 005

쉽게, 깊이 읽는
불교입문

A MANUAL OF BUDDHISM

나라다 스님 지음 | 주민황 옮김

숨

이 책에 관하여

이 책은 독자들이 테라바다(上座部, Theravāda) 불교의 중요한 개념들을 종합적으로 이해할 수 있도록 저술한 불교개론서이다. 배우는 사람들뿐 아니라 가르치는 사람들도 이 책을 읽으면 불교의 근본개념들을 제대로 통찰하는 데 도움을 받을 것이다.

저자인 고(故) 나라다 스님은 전 세계적으로 유명한 포교사로, 많은 불교 서적들을 저술했다. 우리는 이 책을 한국에서 펴낼 수 있도록 허락한 분들께 감사드린다.

옮긴이의 글

이 책은 독자들이 불교의 중요한 개념들을 종합적으로 이해할 수 있도록 저술한 불교개론서이다. 따라서 불교에 관심은 있지만 어떻게 접근해야 할지를 모르는 사람들과, 불교에 대해서 잘 안다고 생각해왔지만 돌이켜보면 확실한 체계가 잡히지 않는 사람들 모두에게 도움을 줄 수 있을 것이다. 나아가 불교의 개요를 간략하면서도 깊이 있게 다루고 있어서 배우는 사람들뿐 아니라 가르치는 사람들에게도 불교의 근본개념을 제대로 통찰하게 해줄 것이다.

이 책은 우선 붓다의 일생을 간략히 살펴보고, 특징적인 사건들을 기술하고 있다. 불교 가르침의 근원인 붓다가 어떤 사람이었는지, 어떤 인생을 살았었는지를 회상해보면, 그분이 실제 인물로서 다가온다. 업과 윤회의 문제에 대해서도 핵심을 뽑아 설명해놓았다. 즉, 불교에서 꼭 알아야 할 중심적인 개념들에 대해서 간략하면서도 깊이 있게 설명해놓은 것이 이 책의 특징이다. 뿐만 아니

쉽게, 깊이 읽는 불교입문

라 붓다의 가르침이 담긴 짧은 경전들도 몇 가지 실려있어, 불교의 가르침이 설해진 형식을 맛볼 수 있다.

이 책의 저자는 스리랑카의 고(故) 나라다 스님이다. 스님은 빠알리경전에 의거해서 이 책을 저술했기 때문에, 빠알리어를 많이 사용했다. 니르바나, 까르마, 다르마 등 우리나라에서 자주 쓰이는 싼쓰끄리뜨로 된 불교용어들에 익숙한 독자들이 많을 것이다. 그러나 이 책에서는 그 단어들의 빠알리 표기를 사용했다. 닙바나, 깜마, 담마 등의 빠알리어로 표기된 것이 독자들에겐 낯설고 거부감이 들지도 모르겠다. 하지만 그렇다고 해서 마냥 익숙한 것만 고집할 수는 없을 것이다. 언제나 시작은 낯설고 힘들다.

빠알리는 붓다가 사용하시던 마가다 국의 언어에서 변형된 말이었다는 설이 있고, 싼쓰끄리뜨에서 파생되어 인도 중산층이 쓰던 방언인 쁘라끄리트에서 파생되었다는 설도 있다. 여러 설이 있지만, 현재 말할 수 있는 것은 붓다 시대부터 경전을 문자로 남기지 않고 말로만 전해져오던 것이, 인도 전 지역을 통해 수세기 동안 구전되는 동안에 여러 지역의 언어의 색조가 조금씩 섞여오다가, 실론(지금의 스리랑카)에서 역사상 처음으로 불교경전들을 문자화하던 당시에 쓰였던 언어가 빠알리라는 것이다. 빠알리가 붓다 시대에 가장 가까운 언어로 불교를 전해준다고 생각한다면, 낯선 빠알리에 대한 거부감이 사라질 것이다.

불교를 처음 접하는 독자는 빠알리나 불교용어를 접어두고 읽더라도 불교의 본질을 어느 정도 이해할 수 있을 것이다. 불교를 오랫동안 알아왔지만 전체적인 체계를 알지 못한다고 생각하는 독자들은 빠알리를 무시하고 읽더라도 불교의 전체적인 모습을 두루 살피는 데 도움이 될 것이다. 빠알리를 쓴 것은 일종의 사실 증명을 위해서이다. 붓다가 살던 시대와 불교가 초기에 어떻게 전파되어갔는지를 그 당시의 언어인 빠알리를 접하면서 읽는다면, 불교가 역사적인 사실로서 실감나게 다가올 것이다.

불교 신자들에게는 이 책에서 부처님을 '붓다'라고 번역한 것이 불손하게 여겨질 수도 있다. 그러나 이 책이 붓다와 불교를 객관적으로 개관하는 성격을 갖고 있고, 불교도가 아닌 사람들도 거부감 없이 객관적인 입장에서 이 책을 통해 불교를 접할 수 있게 하기 위해서 '붓다'라는 객관적 명칭을 사용한 것이니 이해하기 바란다.

세계 여러 나라에서 번역되어 읽히고 있는 이 책이 불교의 초보자들은 물론, 기존의 불교신도들과 정신세계를 향상시키고자 하는 비불교도들에게 읽혀서 많은 도움이 되기를 진심으로 바란다.

옮긴이 주민황

일러두기

- 본문 중에서 [   ] 안에 들어간 것은 독자의 이해를 돕기 위해 옮긴이가 붙인 주석이다.

- 빠알리어의 발음 표기는 원어에 가깝게 표기했다. 기존의 한글 표기와 달라서 익숙하지는 않겠지만, 실제 발음에 익숙해질 필요가 있다고 생각했기 때문에 그에 가까운 소리로 표기했다. 예를 들어 기존에는 '싯다르타'로 표기하던 것을 '씨닷타'로, '니르바나'는 '닙바나'로 표기했다. 다만 '붓다'는 불필요한 혼란을 피하기 위하여 기존의 방식으로 표기했다. 또한 생소한 인명이나 지명은 권말에 따로 정리하였다.

- 한글세대가 쉽게 접근할 수 있도록, 어려운 한문 용어는 가급적 사용하지 않았다. 빠알리경전에 기초한 불교개론서이기 때문에 굳이 한문을 써서 난해하게 만들 필요가 없다고 생각했다. 그러나 일상 생활에서 흔히 쓰이는 한자로 된 불교용어들은 그대로 사용했다.

- 빠알리경전에 근거한 것이므로, 싼쓰끄리뜨용어가 있을지라도 원문에 나오는 대로 빠알리어를 사용했다. 괄호 속에 한역과 빠알리의 로마자 표기를 넣어두었다.

차례

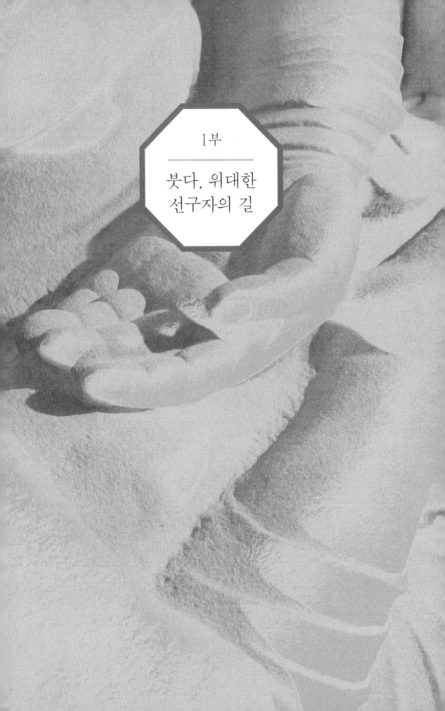

1부

붓다, 위대한
선구자의 길

1 고따마 씨닷타의 길

탄생

기원전 623년[1]의 오월 보름날, 네팔 국경에 위치한 까삘라밧투[2] 마을의 룸비니 동산[3]에서 싸꺄족의 왕자가 태어났다. 아버지는 쑷도다나 왕이었고, 어머니는 마하 마야 왕비였다. 아기가 태어난 지 일주일만에 마야 왕비가 죽어, 그녀의 여동생인 마하 빠자빠띠 고따미가 쑷도다나 왕과 결혼하여 아기의 계모가 되었다.

이 유명한 왕자의 탄생을 사람들은 크게 기뻐했다. '깔라데발라'로도 알려진 고행자 아씨따는 이 행복한 소식을 듣고 특히 기뻐하였다. 왕의 개인교사인 그는 왕가의 아기를 보러 왕궁을 방문했다. 기쁨에 넘친 왕은 아기를 안고 와서 그에게 예의를 표시했다. 그러자 놀랍게도 아기는 발을 고행자의 머리 위에 올려놓았다. 고행자는 자리에서 일어나 아기의 위대한 미래를 예견하였고, 손을 합장하고 아기에게 절했다. 고행자가 아기에게 존경을 표할 때,

왕도 아기에게 똑같은 방식으로 존경을 표했다.

위대한 고행자는 처음에는 웃었으나 곧 슬퍼하였다. 왜 그러느냐고 묻자, 그는 이렇게 답했다. 왕자가 먼 훗날 붓다가 될 것이기 때문에 기뻐서 웃었고, 그날이 오기 전에 자신은 죽어서 형태 없는 세계[4]에 태어날 것이니 붓다의 훌륭한 가르침을 듣지 못하므로 슬프다고 말했다.

명명식

왕자는 태어난 지 닷새만에 이름을 받았다. '소원을 성취한'이란 뜻을 가진 '고따마 씨닷타'[5]라는 이름이었다. 고따마는 그의 성(姓)이었다.

고대의 관습에 따라서, 학식 높은 수많은 브라민[6]들이 왕자의 명명식(命名式)에 초대되었다. 그들 중에는 여덟 명의 출중한 사람들이 있었다. 아기의 특성을 면밀히 살펴본 뒤에, 그들 중 일곱 명은 두 손가락을 들어올리면서 두 가지 가능성이 있다고 했다. 그들은 아기가 온 세상을 지배하는 대군주가 되거나 붓다가 될 것이라고 예언했다. 그러나 다른 사람들보다 나이는 가장 어리지만 학문이 뛰어났던 꼰단냐는 손가락 하나를 들어올리면서, 아기가 출가해서 붓다가 될 것이 확실하다고 단호하게 말했다.

쉽게, 깊이 읽는 불교입문

밭갈이 축제

왕자의 유년기에 매우 특기할 만한 사건이 생겼다. 그것은 전에 없던 영적인 경험이었는데, 훗날 그가 진리를 찾아 나섰을 때 깨달음을 얻는 실마리가 되었다.

왕은 농업을 장려하기 위해서 밭갈이 축제를 개최했다. 이 축제는 귀족들과 평민들이 잔치옷으로 치장하고 축하의식에 참여하는 것으로서, 모든 사람들을 위한 축제였다. 지정된 날에 왕은 왕자와 시종들을 거느리고 밭으로 갔다. 왕자는 보모들과 함께였다. 왕은 아기를 천막 친 유모차에 태운 다음 시원한 사과나무 그늘 밑에서 보모들의 보살핌 아래서 쉬게 하고, 자신은 축제에 참가했다. 축제가 절정에 이르자, 보모들은 멋진 광경을 보는 데 정신이 팔려 아기 보는 것을 소홀히 했다.

아직 어리지만 지성적으로 성숙하고, 사려 깊은 아이는 아무도 자기를 보고 있지 않다는 것을 알자 결가부좌의 자세로 숨을 들이쉬고 내쉬는 것에 집중하고, 마음을 한곳에 집중하여 초선[7]에 들어갔다.

축제를 구경하느라 의무를 게을리하던 보모들이 정신을 차리고 왕자를 찾았을 때, 왕자는 명상에 몰입하고 있었다. 보모들은 경외감에 휩싸여 그 사실을 곧바로 왕에게 전했다. 왕은 그곳으로 가서 명상에 잠겨있는 왕자를 보며 말했다. "이 사랑스러운 아이에게 내가 경배해야겠구나."

씨닷타 왕자의 청년시절

왕자인 씨닷타가 어떤 교육을 받았는지 상세하게 기록한 책은 없지만, 그는 분명히 좋은 교육을 받았을 것이다. 무사계급의 자제로서 전투 기술에 관한 특별 훈련도 받았을 것이다.

열여섯 살이라는 어린 나이에 그는 동갑내기 사촌인 야쏘다라와 결혼했다. 그리고 왕궁 밖에서 일어나는 인생의 흥망성쇠를 모르는 채 그는 행복한 결혼생활과 화려한 일상에 빠져 지냈다.

자신의 화려한 생활에 대해서 씨닷타 왕자는 이렇게 말했다.

"나는 극도로 예민했다. 아버지의 왕궁에는 나를 위해 만든 세 개의 연꽃 호수가 있었다. 각 호수에는 푸른 연꽃, 붉은 연꽃, 하얀 연꽃이 제각각 피어났다. 나는 까씨[8]에서 나온 전단나무만을 사용했다. 내 터번이나 가운, 옷도 모두 까씨에서 가져온 것들이었다. 밤낮으로 내 머리 위엔 하얀 양산이 펼쳐져있어서 더위나 추위, 먼지, 나뭇잎들이나 이슬도 나를 괴롭히지 못했다."

"나를 위해 지은 세 개의 궁전이 있었다. 하나는 추운 계절을, 다른 하나는 더운 계절을, 나머지 하나는 장마철을 위한 것이었다. 장마철 넉 달 동안, 나는 장마철을 위해 지은 왕궁에 머물며, 밖으로 나오지 않은 채 여성 악사들이 벌이는 유희를 즐겼다. 보통 집들은 노예들과 일꾼들에게 쌀겨와 시큼한 죽을 주었지만, 아버지의 왕궁에서는 노예들과 일꾼들에게도 쌀과 고기음식을 주었다."

쉽게, 깊이 읽는 불교입문

출가

시간이 흐르자, 진리에 대한 관심이 그의 마음에 동트기 시작했다. 그는 사색적인 성격과 무한한 자비심을 가지고 있었기 때문에 왕궁의 덧없는 즐거움에 빠질 수가 없었다. 그는 괴로움을 몰랐으나, 슬퍼하는 사람들에 대해 깊은 동정심을 느꼈다. 안락하고 풍요로운 생활 속에서도 슬픔의 보편성을 깨달은 것이다.

화창한 어느 날, 바깥 세상을 구경하기 위해서 왕궁 밖으로 나간 그는 인생의 실체를 적나라하게 보게 되었다. 그동안 왕궁의 좁은 성곽 안에서, 그는 인생의 장밋빛 모습만을 보아왔다. 대부분의 인간들이 접하는 인생의 어두운 면은 그에게 차단되어 있었던 것이다. 그러나 그날 그의 예리한 눈은 노쇠한 노인의 이상한 모습, 병든 사람, 시체, 위엄 있는 수행자를 발견했다. 처음의 세 가지 모습을 보고 그는 인생의 냉혹함과 인간의 보편적인 질병에 대해서 자각했다. 네 번째로 본 수행자의 모습은 인생의 나쁜 면을 극복하고, 고요와 평화를 얻는 수단을 제시해주었다.

보통 사람들이 높이 칭찬하는 감각적 즐거움은 추구할 가치가 없으며, 현자가 기쁨을 찾는 원천인 출가야말로 가치가 있다는 것을 깨달은 그는 진리와 평화를 찾기 위해 속세를 떠나기로 결심했다.

깊은 숙고 끝에 출가하겠다는 결단을 마지막으로 내렸을 때, 그는 자신의 아들이 태어났다는 소식을 들었다. 그러나 그는 감격스러워하기는커녕, 첫 번째인 유일한 자식을 오히려 장애로 생각했다. 평범한 아버지들은 기쁜 소식이라며 환영할 테지만, 비범한 아버지인 그는 이렇게 탄식했다. "장애가 태어났다. 족쇄가 생겼다." 그래서 할아버지는 아기에게 장애라는 뜻으로 '라홀라'라는 이름을 지어주었다.

붓다가 될 사람에게 왕궁은 더 이상 알맞은 장소가 아니었다. 이제 왕궁을 떠날 때가 되었다.

그는 가장 신뢰하는 마부인 찬나에게 깐타까라는 말에 안장을 얹으라고 명령하고 나서, 아내의 방으로 갔다. 그리곤 잠들어있는 아내와 아들을 문턱에 서서 침착한 눈으로 바라보았다. 왕궁을 떠나는 순간 그의 가슴에는 그 두 사람과 세상의 모든 사람들에 대한 자비심이 가득 차올랐다. 다행히 아내와 아들은 모든 것이 풍부하고, 잘 보살펴지고 있으므로 그들 앞날의 물질적 편의와 행복에 대해서는 걱정하지 않아도 되었다.

그는 가벼운 마음으로 모든 것을 뒤에 남기고, 한밤중에 마부 하나만을 데리고 왕궁을 빠져나와 어둠 속으로 말을 달렸다. 두려움 없는 방랑자인 그는 진리와 평화를 찾고자 앞으로 나아갔다.

씨닷타 왕자가 인생에 전환점을 만들며 이 역사적인 여정에 오른 것은 그의 나이 스물아홉 살 때였다.

그는 먼 여행 끝에 아노마 강을 건너 강둑에 앉아 쉬었다. 거기서 그는 머리와 수염을 삭발하고, 자신의 옷과 장식품들을 마부인 찬나에게 주면서 왕궁으로 돌아가라고 지시했다. 그리고 고행자

쉽게, 깊이 읽는 불교입문

가 입는 단촐한 노란 옷을 걸치고 스스로 가난한 삶을 택했다.

마음껏 사치를 즐기며 살던 왕자 씨닷타는 이제 자선가들이 조금씩 베푸는 보시에 의해서 살아가는, 돈도 없고 집도 없는 방랑자가 되었다.

그늘진 나무와 빈 동굴이 그에게 낮과 밤에 쉴 곳을 제공해주었다. 삭발에 맨발로 그는 뜨거운 태양과 살을 에이는 추위 속을 걸어다녔다. 그의 남루한 옷은 버려진 거친 천들로 만든 것이었다. 그가 가진 것이라고는 탁발할 때 음식을 받는 그릇과 몸을 겨우 가릴 뿐인 옷이 전부였다. 오직 그는 진리를 탐구하는 데 자신의 모든 시간과 힘을 쏟았다.

진리를 찾아

최상의 평화로운 상태를 추구하던 그는 명망 있는 고행자인 알라라 깔라마를 찾아가 제자가 되었다. 거기서 그는 스승의 가르침을 곧 터득하고, 윤회 세계의 일곱 번째 단계[9]인 무의 상태(無所有處)에 들어갔다.

스승은 재능 있는 제자가 높은 경지의 수행을 성취했음을 알았지만 그것을 시기하지 않았으며, 제자를 자신과 동등한 위치에 두고 존경하면서 이렇게 말했다.

"친구여, 우리는 행복하다. 그대처럼 존경할 만한 고행자를 우러러보니 지극히 행복하다. 내가 아는 가르침을 그대도 알고 있다.

그대가 아는 가르침을 나도 알고 있다. 나와 그대는 동등한 수준이다. 친구여, 오라. 우리 둘이서 고행자 집단을 이끌어가자."

그러나 고행자 씨닷타는 열반(Nirvāna)으로 이끌지 못하는 그런 단순한 삼매와 평범한 수행체계에 만족하지 않았다. 스승 깔라마의 수행체계에 만족하지 못한 씨닷타는 스승을 떠나, 그 시대에 유명했던 또 다른 고행자인 웃다까 라마뿟따를 찾아갔다. 라마뿟따는 기꺼이 그를 제자로 받아들였다.

지성적인 고행자 고따마는 오래지 않아 스승의 가르침을 터득하고 정신적 집중[10]의 마지막 단계인 '지각(知覺)이 있는 것도 아니고 없는 것도 아닌 선(禪)'에 도달했다. 그것은 세속의 삼매 중에서 최고의 경지로서, 의식이 매우 미세해질 때는 의식이 존재하거나 존재하지 않는다고 말할 수 없는 상태를 말한다. 고대의 현자들에겐 그 상태가 정신적 발전의 최고 단계였다.

스승 라마뿟따는 고행자 고따마를 존경하며, 그들의 공동체를 함께 이끌어가자고 제의했다.

"친구여, 우리는 행복하다. 그대 같은 고행자를 보니 우리는 매우 행복하다. 라마뿟따가 아는 것을 그대도 안다. 그대가 아는 것을 라마뿟따도 안다. 라마뿟따와 그대는 동등하다. 친구여, 이리와서 고행자 집단을 함께 이끌어가자."

고따마는 모든 사람이 무지에 빠져있기 때문에 자신이 추구하는 것을 그 누구도 가르쳐줄 수 없다는 것을 알았고, 바깥에서 도움을 찾기를 포기하고 내면에서 진리와 평화를 찾기로 결정했다.

쉽게, 깊이 읽는 불교입문

6년 간의 고행

고행자 고따마는 실망했으나 절망하지는 않았다. 그는 최상의 평화로운 상태를 찾기 위해서 마가다 왕국을 이리저리 돌아다니다가 상업도시 쎄나니에 있는 우루벨라 마을에 도착했다. 그곳에서 아름다운 숲이 있고, 상큼한 모래사장 사이로 강이 흐르는 멋진 곳을 찾아낼 수 있었다. 인근에는 마을이 있어서 음식을 탁발할 수 있었다.

그곳은 명상하기에 알맞은 곳이었다. 평화로운 분위기에, 주위는 상쾌하고 경치가 아름다웠다. 그는 자신의 목적을 달성하기 위하여 그곳에 홀로 머물기로 결심했다.

고따마가 태어났을 때 그의 미래를 예언했던 젊은 브라민이었던 꼰단냐와 다른 현자들의 네 아들인 밧디야, 밥빠, 마하나마, 앗싸지도 고따마의 출가 소식을 듣고는 뒤따라 출가해서 합류했다.

고대 인도에서는 의례, 의식, 고행과 제물을 바치는 것을 중시했다. 그 당시에는 엄격한 고행생활을 하지 않으면 구원될 수 없다고 일반적으로 믿고 있었다. 그래서 그는 6년에 걸쳐 온갖 종류의 가혹한 고행을 하며 분투했지만, 남은 것은 해골에 가깝게 변해버린 육신뿐이었다. 그가 자신의 육체를 고문할수록 목표는 오히려 멀어져만 갔다.

악마의 유혹

오랜 기간에 걸친 고통스러운 수행이 정말로 쓸모 없다는 것이 증명되었다. 기운만 고갈시킬 뿐이었다. 왕자로서 영양 많은 음식을 먹고 자라나 건장했던 그의 육체였지만, 고행으로 인한 크나큰 고통을 이겨낼 수는 없었다. 우아했던 그의 모습은 완전히 변해버렸다. 황금빛의 피부는 창백하게 변해버렸고, 피는 말라붙고, 근육은 오그라들고, 시력은 약해져 눈앞이 흐릿해졌다.

이런 절망적인 상태에서 마라[11]가 고따마에게 접근해왔다.

"당신은 야위고 볼품없어졌습니다. 죽음이 당신 곁에 다가와있습니다. 당신 육체의 모든 부분이 죽음에 다가갔고, 삶에 가까운 것은 오로지 정신뿐입니다. 존경하는 분이시여, 살아야 합니다. 삶이 죽음보다 더 좋습니다. 살아있으면 공덕을 쌓을 수 있습니다. 금욕생활을 하고, 불의 제식(祭式)을 행하면 큰 공덕을 쌓을 수 있습니다. 당신이 하고 있는 이런 고행을 통해서 얻는 것이 무엇입니까? 고행의 길은 어렵고 힘들고, 쉽게 목적을 성취할 수도 없습니다."

고따마는 다음과 같이 응수했다.

"조심성 없는 악마야. 네가 목적이 있어 이곳에 왔구나. 하지만, 조금도 덕을 보지 못할 것이다. 덕을 보려는 너 마라에게 이렇게 말한다. 내가 바라는 것은 확신과 자제력과 활력과 지혜다. 그런 것들을 바라는 내게 왜 삶에 대해서 말하느냐?

이 바람은 강물조차 말라붙게 할 터인데, 이렇게 고행하는 사람의 피를 말리지 못할 까닭이 있겠느냐? 피가 마를 때, 담즙도 말라버린다. 내 살이 빠질수록 내 마음은 명료해진다. 그럴수록 나는 더 주의깊어지고, 지혜와 집중이 확고해진다.

내가 극도의 고통을 받으면서 이렇게 살고 있는 동안, 내 마음은 욕망을 갈구하지 않는다. 존재의 순수함을 지키리라!

감각적 욕망이 첫 번째 적이다. 두 번째 적은 혐오이다. 세 번째는 굶주림과 갈증이다. 넷째는 갈망이다. 다섯째는 게으름과 무기력이다. 여섯째는 두려움이다. 일곱째는 의심이다. 여덟째는 험담과 고집이다. 아홉째는 이익과 칭찬과 명예와 악명이다. 열 번째는 자신을 칭찬하고 남을 비난하는 것이다.

이것이 악마의 무리인 그대의 군대이구나. 겁쟁이는 그 군대를 이기지 못하지만, 그 군대를 이기는 자는 행복을 얻으리라.

나는 이 전쟁에서 물러서지 않겠다. 삶이 무슨 소용이랴. 악마에게 패배해서 사는 것보다는 전쟁에서 죽는 게 더 낫다."

고행자 고따마는 이와 같은 말들로 악마를 물리쳤다. 그리고 그의 목표인 깨달음을 얻을 것을 확고히 다짐했다.

중도(中道)

이제 고행자 고따마는 육체를 괴롭히며 고행하는 것이 최상의 평화로 안내하지 못한다는 것을 경험을 통해서 확신했다. 그래서 그는 고행을 버리고 스스로 중도(中道)를 택했다.

그는 어릴 적, 아버지가 밭갈이에 참가하고 있을 때, 자신은 나무 아래 앉아 초선에 잠겼던 일을 떠올렸다. 그것이 깨달음으로 이르는 길이라고 생각했다. 지친 몸으로는 깨달음을 얻을 수 없다는 것을 그는 감지했다. 그래서 약간의 음식을 섭취해야겠다고 결심했다. 함께 수행하던 다섯 명의 고행자들은 그가 예기치 않게 수행방법을 바꾼 것에 대해 실망하고 이렇게 말했다.

"고행자 고따마는 태만해졌고 노력하려 하지 않는다. 그는 이제 안락한 생활로 되돌아갔다."

가장 도움이 필요한 시기에 친구들이 떠났지만, 그는 낙담하지 않았다. 쑤자따가 준 영양가 있는 죽을 먹은 후, 그는 깨달음을 얻을 때까지는 그 자리에서 꼼짝도 하지 않겠다고 단단히 결심했다.

깨달음

어느 상쾌한 보름날, 그날도 고따마는 붓다가야의 그 유명한 삡빨라나무[12] 아래에 앉아 마음을 가라앉히고 정화시키고 있었다. 그러자 저녁 여섯 시부터 열 시 사이에 자신의 전생(前生)들을 기억할 수 있는 신통력을 얻었다. 저녁 열 시부터 다음 날 새벽 두 시 사이에는 다른 중생들이 전생에 어떻게 죽고 어떻게 태어났는지를 볼 수 있는 신통력을 얻었다. 새벽 두 시부터 새벽 여섯 시 사이에는 모든 욕망이 사라졌으며, 사물을 있는 그대로 볼 수 있

쉽게, 깊이 읽는 불교입문

는 신통력과 완전한 깨달음을 얻었다.

서른다섯 살의 나이로 최상의 완전한 상태인 붓다[13]의 경지에 오른 그는 귀중한 여생 동안 사욕 없이 훌륭한 본보기와 계율을 지켰으며, 인류를 위해 봉사했다.

붓다는 인간이었다. 그는 인간으로서 태어났고, 인간으로서 살았으며, 인간으로서 인생을 마쳤다. 다만 그는 특별한 인간으로 완성되었다. 그는 이 점을 강조했으며, 누군가가 붓다를 불사의 존재로 잘못 생각할 여지를 남기지 않았다. 즉, 자신을 신격화하지 않았다.

붓다는 자신이 비슈누[14] 신의 화신이라고 주장하지도 않았고, 자신이 깨달았기 때문에 남들을 해방시킬 수 있는 '구원자'라고 말하지도 않았다. 개인의 구제는 개인 자신에게 달려있으며, 마음이 더러워지고 깨끗해지는 것도 각자에게 달려있다고 붓다는 제자들에게 가르쳤다. "그대들 자신이 노력해야 한다. 여래들은 단지 스승일 뿐이다"라고 붓다는 말했다.

붓다는 길을 가리켰고, 우리 자신을 구제하기 위해서 길을 가는 것은 우리의 몫이다.

"나를 구제해달라고 남에게 의존하는 것은 옳지 않다. 오직 자기 자신에게 의존해야 한다."

남에게 의존하는 것은 자신이 노력하기를 포기한 것이다.

더욱이 붓다는 오로지 자기 자신만이 붓다라고 주장하지도 않았다. 사실상, '붓다'란 특별히 선택된 어떤 사람에게 주어진 특권

이 아니다. 단지 그는 사람이 바랄 수 있는 최고의 완성을 이루었다. 그리고 스승이라는 지위를 지키기 위해서 깨달은 내용을 감추어둔 것이 아니라, 남들도 그 경지에 도달할 수 있도록 길을 똑바로 보여주었다. 붓다의 가르침에 의하면, 누구라도 붓다의 경지에 도달하려는 결단을 내리고 노력하면 최고의 완성된 상태를 열망할 수 있다.

그는 인간으로서 붓다의 경지에 도달했으며, 인간에게는 무한한 잠재력과 창의력이 있음을 세상에 알렸다. 인간을 능가하는, 눈에 보이지 않는 전지전능한 신을 전제로 하는 믿음 대신에, 그는 인간의 가치를 드높였다. 그는 신과 사제들에게 의존하거나 제식과 기도에 의존하지 않고, 인간 자신이 노력해서 스스로 슬픔에서 해방될 수 있다고 가르쳤다.

그는 또한 '사심 없는 봉사'라는 고귀한 생각을 이기적인 세상에 가르쳤다. 그는 타락한 계급제도에 대해 반감을 가졌으며, 인간의 평등을 가르쳤다. 지위가 높고 낮음을 막론하고, 성자이든 죄인이든 새로운 삶과 마음의 완성을 열망하는 사람들이라면 누구에게나 성공과 번영의 문이 열려있다고 단언했다. 그리하여 그는 계급이나 피부색이나 지위에 관계없이, 자격을 갖춘 남녀 모두를 위해 민주적으로 구성되고, 모든 것을 공유하는 비구승단과 비구니승단을 설립했다. 그는 우리에게 생각할 자유를 주었으며, 우리가 눈을 뜨고 사물의 참모습을 보기를 원했다.

그는 희망을 잃어버린 사람들을 따뜻한 말로 위안했다. 그는 버

쉽게, 깊이 읽는 불교입문

림받은 환자를 보살폈으며, 잊혀진 가난한 사람을 도왔다. 그는 죄인의 삶을 고귀한 삶으로 변화시켰으며, 범죄자의 타락한 삶을 정화시켰다. 그는 약한 사람의 용기를 북돋고, 분열된 곳을 화합시키고, 무지한 사람을 깨닫게 하고, 모호한 것을 명확하게 설명하고, 기만을 당한 사람을 정신차리게 하고, 비천한 사람을 고상하게 변화시키고, 귀족을 기품 있게 만들었다. 부유한 자와 가난한 자, 성자와 죄인 모두가 그를 사랑했다. 폭군과 성군, 훌륭한 귀족과 나쁜 귀족, 관대한 부자와 인색한 부자, 거만한 학자와 겸손한 학자, 집 없는 거지, 천대받는 청소부, 사악한 살인자, 멸시받는 창녀 등 모두가 지혜와 자비의 말을 듣고 도움을 받았다.

　훌륭한 본보기인 그를 보고 모두가 감동했다. 평화를 전하는 그의 가르침을 듣고 말로 표현할 수 없는 환희에 휩싸였으며, 그의 친절한 가르침을 듣는 행운을 얻은 모든 사람들이 영원한 도움을 받았다.

2 깨달음을 얻은 직후

기쁨의 찬가[1]

윤회[존재] 속에서 수많은 환생을 한 나는

이 집을 지은 사람[갈망]을 찾아내려 했지만 찾지 못했네

되풀이되는 환생이 슬프구나

집[육체]을 지은 사람이여! 그대가 보인다

그대 다시는 집을 짓지 못하리라

그대의 서까래[번뇌]는 부러지고

그대의 마룻대[무지]는 산산조각이 났다

마음은 흔들리지 않고[열반]

갈망은 끝이 났다

《법구경》[2] 153~154

쉽게, 깊이 읽는 불교입문

깨달음 이후의 7주

깨달음을 얻기 바로 전날, 보살[3]은 쑤자따라는 소녀가 바친 우유죽을 먹었다. 깨달음을 얻은 후 일주일 동안 붓다는 단식을 하며 보리수 아래와 그 근처에서 시간을 보냈다.

첫 주 내내 보리수 아래 앉아서 해탈의 기쁨을 맛보았다.

첫 주의 일곱째 날이 끝나갈 때 붓다는 삼매 상태에서 깨어나서, 저녁 여섯 시부터 열 시 사이에는 연기법[4]을 순서대로 고찰했다. '이 원인이 존재할 때, 이 결과가 존재한다. 이 원인이 생겨났기 때문에, 이 결과가 생긴 것이다.'

저녁 열 시부터 다음 날 새벽 두 시까지 연기법을 반대로 고찰했다. '이 원인이 존재하지 않을 때, 이 결과가 존재하지 않는다. 이 원인이 소멸했기 때문에, 이 결과가 소멸한 것이다.'

새벽 두 시부터 새벽 여섯 시 사이에는 연기법이 발생하는 방향으로 생각하기도 하고, 소멸하는 방향으로도 생각했다. '이 원인이 존재할 때 이 결과가 생긴다. 이 원인이 생겨났기 때문에 저 결과가 생긴 것이다. 이 원인이 존재하지 않을 때 이 결과가 존재하지 않는다. 이 원인이 소멸했기 때문에 이 결과가 소멸한 것이다.'

둘째 주 내내 그는 자신이 깨달음을 얻으려고 노력하는 동안에 머물렀던 보리수에게 감사하는 마음으로 나무를 응시하고 있었다.[5]

셋째 주 동안에 붓다는 보리수 근처를 이리저리 산보했다.

넷째 주에는 아비담마[6]에 대해서 명상하며, '보배의 방'[7]에 머물렀다.

다섯째 주 내내 붓다는 보리수 근처의 바난나무 아래에 머물렀다. 거기서 그는 움직이지 않고 일관된 자세로 앉아 해탈의 기쁨을 맛보았다. 그가 삼매에서 깨어났을 때, 한 거만한 브라민이 붓다에게 접근해서 물었다.

"고따마 수행자여, 사람은 어떤 점에서 브라민이 되고, 브라민을 만드는 조건은 무엇인가?"

붓다는 다음과 같은 기쁨의 찬가를 말했다.

"자만하지 않고, 악을 버리고, 마음의 더러움이 없고, 자제하고, 지식이 있고, 신성하게 사는 브라마나는 자신을 브라마나라고 불러도 좋네. 그는 어디서도 우쭐대지 않네."

자따까[8] 주석서에 의하면, 붓다가 바난나무 아래에 앉아있는 동안, 마라의 세 딸(갈애, 불만, 탐욕)이 붓다를 유혹하러 왔다.[9]

붓다는 바난나무 아래를 떠나 근처의 무짤린다나무 아래로 가서 여섯째 주를 보냈다. 여기서도 붓다는 해탈의 기쁨을 즐기며 앉아있었다. 그런데 갑자기 때아닌 거센 소나기가 내리고, 찬바람이 부는 흐린 날씨가 7일 동안 계속되었다.

그때, 뱀왕[10]인 무짤린다가 자신의 거처 밖으로 나와 붓다를 일곱 번 칭칭 감고, 자신의 크고 넓은 머리를 붓다의 머리 위에 펼쳐 그를 보호해주었다. 덕분에 붓다는 추위와 더위, 벌레와 모기, 바람과 햇볕, 그리고 도마뱀들을 피할 수 있었다. 마침내 일곱째 날

쉽게, 깊이 읽는 불교입문

이 지날 무렵, 뱀왕은 맑고 구름 한 점 없는 하늘을 바라보더니 붓다의 몸을 감고 있던 자신의 몸을 풀면서 뱀의 모습을 버리고 청년의 모습으로 바뀌었다. 그리고 곧바로 합장을 하고 붓다 앞에 섰다.

붓다는 다음과 같은 찬가를 불렀다.

"만족하고, 진리를 보고 듣는 사람으로서 은둔하는 것은 행복하네. 이 세상에서 선의를 지니는 것은 행복하네. 모든 중생들을 향해서 자제하는 것은 행복하네. 집착을 버리고, 감각적 욕망을 버리는 것은 행복하네. '나는 누구'라는 자만심을 버리는 것이 가장 행복하네."

일곱째 주에 붓다는 라자야따나나무 아래서 시간을 보냈다. 여기서도 붓다는 같은 자세로 일주일 내내 앉아있으며 해탈의 기쁨을 맛보았다.

최초로 개종한 두 사람

그때, 욱깔라 지방의 상인인 '따빳쑤'와 '발루까'가 고향으로 가고 있었는데, 그들과 전생의 친척이었던 데바따 신[11]이 이렇게 말했다.

"깨달음을 얻어 붓다가 되신 분이 지금 라자야따나나무 아래에 머물고 계십니다. 가서 붓다에게 밀가루와 꿀을 공양 올리십시오. 그러면 오래도록 잘살고 행복할 것입니다."

그래서 두 상인은 밀가루와 꿀을 가지고 붓다에게 갔다.

"붓다여, 이 밀가루와 꿀을 받으십시오. 그 공덕으로 우리가 오랫동안 잘 살고 행복해질 수 있게 해주십시오."

그러자, 붓다가 말했다.

"여래들은 음식을 손바닥에 받지 않는다네. 내가 이 밀가루와 꿀을 어떻게 받아야 하겠나?"

그러자 사천왕(四天王)들이 붓다의 뜻을 이해하고, 돌로 만든 네 개의 밥그릇[12]을 바치며 이렇게 말했다.

"붓다여, 이 밀가루와 꿀을 받아주십시오."

붓다는 새 그릇들을 받고, 밀가루와 꿀을 그 안에 받아서 먹었다.

붓다가 식사를 마치자 두 상인은 그 앞에서 절하며 이렇게 말했다.

"붓다여, 우리는 붓다와 붓다의 가르침에 귀의합니다. 오늘부터 죽을 때까지 저희들을 재가제자로 받아들여주십시오."

이들이 붓다와 붓다의 가르침에 귀의한[13] 첫 번째 제자들이었다.

3 법(dhamma)을 펴다

설법을 청하다

단식기간이 끝나갈 때, 붓다는 은둔명상을 하면서 이렇게 생각했다. '나는 법[1]을 힘들게 깨달았다. 지금 그것을 발표할 필요는 없다. 탐욕과 미움으로 가득 찬 사람들은 이 법을 이해하기가 어려울 것이다. 탐욕으로 가득 차고 무지에 휩싸인 사람들은 이 법을 알지 못한다. 이 법은 세상의 흐름과 반대되고 심오하기 때문에 감지하기 어렵고, 지극히 미묘하다.'

붓다는 아무 활동도 하지 않고, 법을 가르치지도 않겠다고 생각했다. 그러자, 천신(天神)인 브라마 싸함빠띠가 붓다의 생각을 읽고는, 세상이 법을 듣지 못하면 멸망할지도 모른다고 여겨 붓다 앞에 나아가서 법을 가르쳐달라고 부탁했다. 싸함빠띠는 현명하게 이렇게 말했다.

"옛날에 타락한 사람이 지배하던 불순한 마가다 지방에 이제 법이 생겼습니다. 불멸로 통하는 이 문을 열어주십시오. 순수한 이가 깨달은 이 법을 그들에게 들려주시기 바랍니다. 바위산의 정상에 선 사람이 주위의 사람들을 내려다보는 것처럼, 전지하신 붓다가 법의 왕궁에 오르시어 주위를 둘러보시기 바랍니다. 슬픔에서 벗어난 분이시여, 태어남과 죽음에 휘말리며 비탄에 빠진 사람들을 내려다보시기 바랍니다.

영웅이며, 전쟁의 승리자이며, 무리의 안내자이며, 빚 지지 않은 사람이며, 세상을 떠도는 고행자여, 일어서십시오. 붓다의 가르침을 이해하는 사람들이 생길 것입니다."

브라마 싸함빠띠가 세 번을 간청하자, 붓다는 천안통(天眼通)으로 세상을 둘러보았다.

세상을 둘러보면서[2] 불순한 사람과 덜 불순한 사람, 지성이 날카로운 사람과 둔한 사람, 좋은 성격을 지닌 사람과 나쁜 성격을 지닌 사람, 가르치기 쉬운 사람과 어려운 사람이 있으며, 악의 위험과 내생에 닥칠 위험을 지각하며 사는 사람들이 조금이나마 있다는 것을 알게 되었다.

그래서 붓다는 브라마 싸함빠띠의 부탁을 받아들이고 이렇게 말했다.

"불멸[3]로 통하는 문들이 중생들에게 열려있소. 귀를 가진 자들은 확신하게 될 것이오. 브라마여, 나는 중생들이 법을 싫어하는 줄 알고 이 훌륭한 법을 인간 사회에 가르치지 않았소."

기쁨에 찬 브라마[4]는, '나는 붓다가 법을 가르치실 기회를 만들

쉽게, 깊이 읽는 불교입문

었다'고 생각하며, 붓다에게 정중히 절하고 곧바로 사라졌다.

베나레쓰로 가다

붓다가 법을 가르치기 위해 떠나기 직전에 우선 떠올린 생각은, '처음에 누구에게 법을 가르칠 것인가? 누가 법을 빨리 이해할까?'라는 것이었다.

'학식 있고, 영리하고, 현명하고, 오랫동안 순수하게 살아온 알라라 깔라마[5]가 있다. 우선 그에게 법을 가르치면 어떨까? 그는 법을 빨리 배울 것이다.'

그때 한 신이 붓다 앞에 나타나 이렇게 말했다.

"붓다여, 알라라 깔라마는 일주일 전에 죽었습니다." 붓다는 천안통으로 사실을 확인했다. 그래서 이번에는 웃다까 라마뿟따[6]를 생각했다. 그러자 즉시 한 신이 나타나 그가 어제 저녁에 죽었다고 전했다. 붓다는 천안통으로 사실을 확인했다.

결국, 붓다는 자신이 깨달음을 얻기 위해 노력할 때 함께 있었던 다섯 비구들을 떠올렸다. 붓다는 그들이 베나레쓰에 있는 사슴 공원에 머물고 있다는 것을 천안통으로 보았다. 그래서 붓다는 우루벨라에 마음껏 머물다가 베나레쓰를 향해서 떠났다.

보리수가 있는 곳으로부터 가야 마을로 나가는 길에서 만난 우빠까라는 고행자가 붓다를 보더니 이렇게 말했다.

"친구여! 그대의 감각들은 극히 명확하다. 그대의 외양은 맑고 깨끗하다. 누구의 말을 듣고 그대는 출가했는가? 누가 그대의 스승인가? 그대는 누구의 가르침을 따르고 있는가?"

붓다는 다음과 같이 답했다.

"나는 모든 것을 극복했고, 모든 것을 알고 있다.

내가 버린 모든 것을 나는 포기했다.

나는 갈망을 완전히 없애는 일에 몰두한다.

내 스스로 모든 것을 알았는데, 누구를 내 스승이라 할 것인가?

내겐 스승이 없다.[7] 나와 동등한 자는 없다.

신들을 포함해서 온 세상에 나의 경쟁자는 없다.

진실로 나는 이 세상에 있는 아라한[8]이다.

나는 최상의 스승이다.

완전히 깨달은 자는 나뿐이다.

나는 침착하고 평화롭다.

법의 바퀴를 돌리기 위해서 나는 베나레쓰로 간다.

눈먼 이 세상에 불멸의 북을 울릴 것이다."

"그렇다면, 친구여, 그대가 아라한이라고 주장하는 것인가?"라고 우빠까가 물었다.

"마음의 더러움을 모두 없애버린 나와 같은 사람들이 아라한이다. 나는 모든 나쁜 상황을 이겨냈다. 따라서 나는 마음의 적을 정복한 자이다"라고 붓다는 대답했다.

쉽게, 깊이 읽는 불교입문

"친구여, 그런 것 같구나"라고 우빠까는 무뚝뚝하게 말하면서 고개를 끄덕거리고 갈 길로 가버렸다.

처음으로 거절을 당했지만, 붓다는 당황하지 않고 이곳저곳을 거쳐서 드디어 베나레쓰의 사슴공원에 도착했다.

다섯 비구는 붓다가 오는 것을 멀리서 보고 그에게 경의를 표하지 않기로 결심했다. 그가 깨달음을 얻으려고 분투하던 시절에 고행을 그만두기로 결정했던 것에 대해 오해를 하고 있었던 것이다. 그러나 붓다가 가까이 오자, 그의 존엄한 인품에 감동되어 그들은 경의를 표하며 맞이하지 않을 수가 없었다. 그러면서도 그들은 손아랫사람을 부를 때 쓰는 '친구여'라는 호칭으로 붓다를 불렀다. 붓다는 자신이 붓다의 경지에 도달했기 때문에 예전처럼 부르면 안 된다고 충고했다. 그러나 의심 많은 비구들은 믿으려 하지 않았다. 붓다는 두 번 세 번 그들을 타일렀다. 그래도 비구들은 그의 탁월함을 인정하려고 하지 않았다.

결국, 붓다는 이렇게 말했다.

"비구들이여, 내가 전에 그대들에게 그렇게 말한 적이 있었던가?"

"없네."

"비구들이여, 여래는 사치하지도, 노력을 포기하지도, 풍요로운 생활을 받아들이지도 않았네. 비구들이여, 말하는 이 고매한 사람은 여래이네. 이 사람은 완전한 깨달음을 얻었네. 비구들이여, 듣게나. 이 사람은 불멸을 얻었네. 이 사람은 법을 가르치고 설명할 것이네. 만일 그대들이 내 가르침을 따라 수행하면, 그대들은 머지 않아 자신의 직관적인 지혜에 의해 깨닫고, 이생에서 최고로 신성한 삶의 상태에 도달할 것이네. 훌륭한 가문의 아들들은 그 목적을 위해서 가정생활을 포기하고 출가하는 것이라네."

그것은 붓다의 신성한 입에서 흘러나온 솔직한 말이었다. 자신들의 생각을 확고하게 믿고 있었던 수행승들은 그가 붓다의 경지에 도달했다는 것과 그들의 정신적 지도자로서 자격이 있다는 것을 확신하게 되었다.

다섯 비구들 중 세 명이 탁발하러 간 동안에 붓다는 나머지 두 명을 가르쳤다. 그들이 탁발해온 음식으로 여섯 명이 먹었다. 그 다음에는, 탁발하러 갔던 세 명을 붓다가 가르치는 동안에 다른 두 명이 탁발하러 갔다. 그리고는 탁발해온 음식을 여섯 명이 나누어 먹었다.

붓다가 그들에게 처음으로 가르친 내용을 기록한 것이《전법륜경(轉法輪經, Dhammacakkappavattana Sutta)》이었다. 그 가르침을 듣고 나서 최연장자인 꼰단냐는 성인(聖人)의 첫 단계인 '예류과(預流果, Sotāpanna)'[9]에 들어갔다. 나머지 네 명도 나중에 예류과에 도달했다. 무아(無我)에 대한 가르침인 무아상경(無我相經)을 듣고 나서 그들은 성자의 마지막 단계인 '아라한'의 경지에 올랐다.

쉽게, 깊이 읽는 불교입문

다섯 비구들

붓다의 첫 번째 제자들이었으며, 아라한의 경지에 오른 다섯 비구들은 꼰단냐, 밧디야, 밥빠, 마하나마, 앗싸지였다.

꼰단냐는 어린 씨닷타 왕자의 명명식에 초대되었던 여덟 명의 브라민 중에서 최연소자였으며, 아기가 커서 붓다의 경지에 오르리라고 예언했던 사람이었다. 그 외 네 명의 제자들은 명명식에 왔던 나머지 일곱 브라민들의 아들들이었다. 이 다섯 명의 브라민들은 씨닷타 왕자가 출가했다는 소식을 듣고 동참하기 위해서 산에 은둔했다가, 왕자가 붓다의 경지를 얻기 위해서 분투할 때 그와 함께 수행했었다. 그러나 고행자 씨닷타가 단식과 고행을 포기하자, 그들은 그를 떠나 이씨빠따나로 갔다. 그들이 떠난 직후, 씨닷타는 붓다의 경지에 이르렀다. 깨달음을 얻은 지 7주가 지난 뒤에, 붓다는 이씨빠따나를 방문해서 그들에게 법을 가르쳤다.

꼰단냐 비구는 최초로 아라한이 되었고, 최초의 승가 구성원이 되었다. 붓다의 최고 제자들 중 하나인 싸리뿟따(사리불)를 개종시킨 사람은 다섯 비구들 중의 한 명인 앗싸지 비구였다.

4 최초의 설법

《전법륜경》[1]

나[2]는 이와 같이 들었다.

언젠가 붓다는 베나레쓰 근처의 이씨빠따나에 있는 사슴공원[3]에 머물고 있었다. 거기서 붓다는 다섯 비구들에게 다음과 같이 말했다.

"수행자들이 피해야 할 두 가지 극단이 있다.

열등하고, 통속적이고, 세속적이고, 무지하고, 쓸모없는 감각적인 즐거움에 끝없이 집착하는 것[4]과 고통스럽고, 무지하고, 쓸데없이[5] 자신을 고행시키는 일에 몰두하는 것[6]이다.

비구들이여, 이런 두 가지 극단을 피한 여래는 중도(中道)를 발견했다. 중도는 견해와 지식과 평화와 높은 지혜와 깨달음과 열반을 촉진시킨다.

비구들이여, 여래가 발견한 중도란 무엇인가?

그것은 여덟 가지의 신성한 길〔八正道〕이다. 즉, 올바른 이해, 올바른 생각, 올바른 말, 올바른 행동, 올바른 생계, 올바른 노력, 올바른 주의 깊음[7], 올바른 정신 집중(삼매)이다."

"비구들이여, 네 가지 신성한 진리〔四聖諦〕[8]가 있다.

그것은 고통에 관한 진리, 고통의 원인에 관한 진리, 고통의 소멸에 관한 진리, 고통의 소멸로 이끄는 길에 관한 진리이다."

1. "비구들이여, 고통에 관한 신성한 진리가 있다. 태어남은 고통이며, 늙는 것은 고통이며, 병드는 것은 고통이며, 죽음은 고통이며, 좋지 않은 것과 만나는 것은 고통이며, 좋은 것과 헤어지는 것은 고통이며, 원하는 것을 얻지 못하는 것은 고통이다. 간단히 말해서, 우리가 집착하는 물질, 감각, 지각, 의지, 의식이라는 오온(五蘊)이 고통이다.

   – '이것이 고통에 관한 신성한 진리이다.'
      이와 같이 사물에 관해서 전에는 알지 못했던 지식과 지혜와 통찰이 내게 생겼다.
   – '고통에 관한 이 신성한 진리를 이해해야 한다.'
      이와 같이 사물에 관해서 전에는 알지 못했던 지식과 지혜와 통찰이 내게 생겼다.
   – '고통에 관한 이 신성한 진리를 이해했다.'
      이와 같이 사물에 관해서 전에는 알지 못했던 지식과 지혜와 통찰이 내게 생겼다."

2. "비구들이여, 고통의 원인에 관한 신성한 진리가 있다. 정열적인 집착을 가지고 환생을 만들어내는 갈망 때문에 이생과 다음 생을 기꺼이 받아들인다. 그 갈망은 감각적 즐거움에 대한 갈망, 존재가 되고 싶은 갈망[9], 허무가 되고 싶은 갈망[10] 등이다.

  – '이것이 고통의 원인에 관한 신성한 진리이다.'
  이와 같이 사물에 관해서 전에는 알지 못했던 지식과 지혜와 통찰이 내게 생겼다.
  – '고통의 원인에 관한 이 신성한 진리를 철저하게 알아야한다.'
  이와 같이 사물에 관해서 전에는 알지 못했던 지식과 지혜와 통찰이 내게 생겼다.
  – '고통의 원인에 관한 이 신성한 진리를 철저하게 알았다.'
  이와 같이 사물에 관해서 전에는 알지 못했던 지식과 지혜와 통찰이 내게 생겼다."

3. "비구들이여, 고통의 소멸에 관한 신성한 진리가 있다. 고통의 원인인 갈망으로부터 벗어나고, 갈망을 파괴하고, 갈망을 버리고, 자유롭고 초연한 것[11]이 고통의 소멸이다.

  – '이것이 고통의 소멸에 관한 신성한 진리이다.'

쉽게, 깊이 읽는 불교입문

이와 같이 사물에 관해서 전에는 알지 못했던 지식과 지혜와 통찰이 내게 생겼다.

‒ ‘고통의 소멸에 관한 이 신성한 진리를 깨달아야 한다.’

이와 같이 사물에 관해서 전에는 알지 못했던 지식과 지혜와 통찰이 내게 생겼다.

‒ ‘고통의 소멸에 관한 이 신성한 진리를 깨달았다.’

이와 같이 사물에 관해서 전에는 알지 못했던 지식과 지혜와 통찰이 내게 생겼다.”

4. “비구들이여, 고통의 소멸로 이끄는 길에 관한 신성한 진리가 있다. 그것을 ‘여덟 가지의 신성한 길’이라고 부른다. 즉, 올바른 이해, 올바른 생각, 올바른 말, 올바른 행동, 올바른 생계, 올바른 노력, 올바른 주의 깊음, 올바른 정신 집중이다.

‒ ‘이것이 고통의 소멸로 이끄는 길에 관한 신성한 진리이다.’

이와 같이 사물에 관해서 전에는 알지 못했던 지식과 지혜와 통찰이 내게 생겼다.

‒ ‘고통의 소멸로 이끄는 길에 관한 이 신성한 진리를 알아야 한다.’

이와 같이 사물에 관해서 전에는 알지 못했던 지식과 지혜와 통찰이 내게 생겼다.

‒ ‘고통의 소멸로 이끄는 길에 관한 이 신성한 진리를 알았다.’

이와 같이 사물에 관해서 전에는 알지 못했던 지식과 지혜와 통찰이 내게 생겼다."

"비구들이여, 이 네 가지 신성한 진리들에 관한 진실한 지식의 세 가지 측면들이 내게 확실하지 않았을 동안에는, 최상의 깨달음을 얻었다는 것을 신들과 악마들, 브라민들과 고행자들, 사제들과 인간들의 세상에서 나는 인정하지 않았다. 이 네 가지 신성한 진리들에 관한 절대적으로 진실한 지식의 세 가지 측면들[12]이 내게 완전히 명백해졌을 때, 내가 깨달음을 얻었다는 것을 신들과 악마들, 브라민들과 고행자들, 사제들과 인간들의 세상에서 인정할 수 있었다."

"내 마음이 확실히 해탈했으며, 이생이 내가 윤회하는 마지막 생이라는 것과 다시는 태어나지 않으리라는 지식과 통찰이 내게 생겼다."

이상과 같이 붓다가 말하자, 비구들은 기뻐하며 붓다의 말을 찬양했다. 붓다가 가르치는 동안에, '생겨난 것은 무엇이든 반드시 사라진다'는 진리를 아는 순수한 눈이 꼰단냐 비구[13]에게 열렸다.

붓다가 이 가르침을 설명할 때, 세속과 관계된 신들은 다음과 같이 감탄했다.

"다른 고행자나 사제나 신이나 악마나 브라마(梵天)가 설명할 수 없는 이 훌륭한 《전법륜경》의 가르침을, 붓다가 베나레쓰 근처

쉽게, 깊이 읽는 불교입문

이씨빠따나의 사슴공원에서 설명하셨다."

이러한 감탄의 소리를 듣고, 세속을 떠난 신들도 감탄하며 기뻐했다.

감탄의 소리는 즉시 브라마의 세계로까지 퍼져나갔다. 그 소리에 만 개의 태양계가 진동하며 떨렸다.

그때, 신들보다 더 환히 빛나는 광채가 세상을 비추었다. 그러자 붓다는 이렇게 말했다.

"친구들이여, 꼰단냐가 진정으로 이해했구나! 친구들이여, 꼰단냐가 진정으로 이해했구나!"

그래서 꼰단냐 비구는 '깨달은 꼰단냐'라는 이름을 갖게 되었다.

5 제자들을 파견하다

야싸의 개종

베나레쓰에 야싸라는 청년이 있었다. 그는 거부의 아들로 사치스럽게 살고 있었다. 그러나 그는 세속적인 삶이 허망하다는 것을 깨닫고 밤에 몰래 집을 빠져나와 붓다가 머물고 있는 이씨빠따나를 향해 떠났다. 그를 본 붓다는 앞에 불러놓고 법을 설명했다. 그 가르침을 들은 야싸는 예류과에 도달했고, 나중에는 아라한이 되었다. 잃어버린 아들을 찾으며 슬픔에 빠져있던 야싸의 아버지도 우연히 붓다를 만나게 되었다. 붓다에게 법을 듣고 나서 그는 삼보에 귀의하는 최초의 재가신도가 되었다. 그 후 그는 붓다와 야싸 비구를 집으로 초대해서 보시했다. 붓다가 집을 방문해 법을 설명하자, 야싸의 어머니와 함께 야싸의 전 부인도 불법승 삼보에 귀의했다. 그들은 최초로 여성으로서 재가신도들이 되었다.

야싸 비구에게는 쉰다섯 명의 친구들이 있었다. 야싸가 불교로 개종했다는 소식을 들은 친구들 또한 승가에 들어왔고 나중에는 아라한의 경지에 도달했다.

최초의 포교사들에게 권고

붓다를 포함해서 60명의 아라한이 살아있었을 때, 붓다는 성스러운 법을 전파하기 위해 아라한들을 여러 방향으로 보내며 다음과 같은 유명한 말을 했다.

"비구들이여, 나는 신성하거나 인간적인 모든 속박으로부터 자유롭다. 비구들이여, 그대들도 신성한 속박이나 인간적인 속박, 모든 속박으로부터 자유롭다."

"비구들이여, 세상에 대한 자비심을 갖고 많은 사람들의 이익을 위해서, 많은 사람들의 행복을 위해서, 신과 인간의 이익과 행복을 위해서 앞으로 나가라… 각자 한 방향씩 가라. 비구들이여, 법을 설명할 때 처음이든 중간이든 끝이든 항상 형식과 정신을 훌륭하게 지켜라. 완전하고 순수한, 신성한 삶에 대해서 말하라."

"아직 덜 불순하지만, 법을 듣지 못하면 나중에 타락할 수 있는 사람들이 있다. 그들 중에도 법을 이해할 수 있는 사람들이 있을 것이다."

"비구들이여, 나도 법을 가르치기 위해서 쎄나니가마에 있는 우루벨라로 갈 것이다."

붓다는 이상과 같이 권고하고 첫 제자들인 60명을 여러 방향으로 보냈다.

청년 30명의 개종

장마철이었기 때문에, 붓다는 베나레쓰의 이씨빠따나에서 최초의 우안거[1]를 보냈다. 붓다가 우루벨라를 향해 가던 도중 나무 밑에 앉아 쉬고 있을 때, 다음과 같은 일이 일어났다.

30명의 유복한 청년들이 아내들과 함께 숲으로 소풍을 왔다. 그중 한 명은 아내가 없었던 탓에 창녀를 데리고 왔다. 그런데 그들이 즐겁게 놀고 있는 동안에, 그 창녀가 귀중품들을 훔쳐서 도망가버렸다. 청년들은 그녀를 찾으러 돌아다니다가 붓다를 보고, 그녀가 지나가는 것을 보았느냐고 물었다.

"젊은이들이여, 그대들은 여자를 찾아내는 것과 자신을 찾아내는 것 중에서 어느 것이 더 이익이라고 생각하는가?"라고 붓다는 물었다.

"물론 자신을 찾는 것이 더 이익이겠지요, 선생님"이라고 젊은이들이 대답했다.

"그러면 앉아라. 내가 그대들에게 법을 가르쳐주겠다"라고 붓다가 말했다.

그들은 붓다의 말을 주의 깊게 듣고 '진리의 눈'[2]을 떴다. 나중에 그들은 승가에 들어와서 비구계(比丘戒)를 받았다.

깟싸빠 삼형제의 개종

우루벨라에는 머리를 땋아 올린 세 명의 고행자가 있었는데, 우루벨라 깟싸빠, 나디 깟싸빠, 가야 깟싸빠라고 불리었다. 그들은 각각 500명, 300명, 200명의 제자들을 거느리고, 서로 떨어져 살고 있는 형제들이었다. 붓다는 때로는 신통력을 쓰는 등 많은 노력을 기울여 맏형 깟싸빠를 먼저 개종시켰다. 그는 정신적으로 많은 능력을 쌓았다는 자부심이 대단한 사람이었다. 그와 그의 제자들은 승가에 들어와 비구계를 받았다. 뒤따라 나머지 두 동생들도 제자들과 함께 승가에 들어왔다.

그들 모두를 데리고 붓다는 가야씨싸로 가서 '아딧따빠리야야 쑷따(불타는 것에 비유한 경, ādittapariyāya sutta)'를 설명했다. 그 가르침을 듣고 그들 모두 아라한의 경지에 도달했다.

붓다와 빔비싸라 왕의 만남

붓다는 깨달음을 얻기 전에 빔비싸라[3] 왕과 했던 약속을 지키기 위해서 큰 무리의 아라한 제자들과 함께 라자가하로 갔다.

왕은 붓다가 왕국에 도착했다는 소식을 듣고 경의를 표하기 위해서 많은 수행원들을 데리고 맞이하러 갔다. 그 나라의 사람들이 고행자 깟싸빠를 매우 존경했기 때문에, 왕은 붓다가 깟싸빠의 제자인지, 깟싸빠가 붓다의 제자인지를 분간하지 못해 당황했다. 붓다는 왕의 생각을 읽고는 깟싸빠에게 왜 '불의 제식'을 올리는 것을 포기했느냐고 물었다.

그러자 깟싸빠 비구는 붓다의 위대함을 인정하면서 이렇게 말했다.

"붓다가 제 스승이십니다. 저는 당신의 제자입니다."

신앙심 깊은 사람들은 깟싸빠의 말을 듣고 매우 기뻐했다.

붓다는 깟싸빠 형제들이 전생에도 이와 비슷하게 개종했음을 알리기 위해서 '마하 나라다 깟싸빠 자따까(Mahā Nārada Kassapa Jātaka)'를 설했다.

그러자 깟싸빠 형제들에게 '진리의 눈'이 열렸다. 빔비싸라 왕은 예류과에 올랐다. 그래서 왕은 붓다와 제자들을 왕궁으로 초대해서 음식을 대접했다. 그 다음 날 식사가 끝나갈 무렵, 왕은 붓다와 제자들이 머물 수 있도록 대나무 숲을 보시했다.

싸리뿟따와 목갈라나의 개종

라자가하에서 그리 멀지 않은 '우빠띳싸' 혹은 '날라까'라는 마을에는 '싸리뿟따'라는 매우 지성적인 청년이 살고 있었다. 그가 마을을 주도하는 가문에 속해 있었기 때문에, 그를 우빠띳싸라고 부르기도 하였다. 그에게는 짤라, 우빠짤라, 씨쑤빠짤라라는 세 명의 여동생과 우빠쎄나, 쭌다, 레바따라는 세 명의 형제가 있었다.

싸리뿟따는 브라만 사상을 배우며 자랐지만, 삶에 대해서 광대한 식견을 갖고 있었다. 또한 심오한 지혜를 갖고 있었기 때문에 자신의 조상들이 가졌던 종교를 버리고, 고따마 붓다의 자비롭고 합리적인 가르침을 택했다. 이를 본받아 그의 형제 자매들도 뒤따랐다. 싸리뿟따의 아버지인 반간따는 명백히 브라만 사상에 심취했지만, 그의 어머니는 죽는 순간에 스스로 불교로 개종했다.

우빠띳싸는 사치스럽게 자랐다. 그는 목갈라나라고도 불리는 꼴리따와 절친한 친구 사이였다. 꼴리따와 우빠띳싸는 수많은 전생 동안 매우 밀접한 관계를 맺어왔다. 어느 날, 둘은 기락가 싸맛자라는 축제에 참석해서 즐기다가, 감각적 즐거움이란 것이 참으로 허망하고 일시적인 것임을 깨달았다. 그 즉시 그들은 세상을 떠나서 해탈의 길을 찾기로 결심했다.

그들은 하인들을 다 보내고, 부모에게도 연락하지 않은 채, 평화를 찾아 이리저리 방황했다.

처음에 두 젊은이들은 500명의 제자를 거느리고 있는 싼자야에게로 가서 출가자의 계를 받았다. 머지않아 그들은 스승이 전해준 무미건조한 지식을 얻을 수 있었다. 그러한 가르침에 만족하지 못한 그들은 스승을 떠나 여기저기 돌아다녔지만, 어디서나 실망했으므로 다시 고향으로 돌아갔다. 그들은 길을 먼저 발견하는 사람이 다른 사람에게 그 길을 가르쳐주기로 약속했다.

그럴 즈음, 붓다의 최초 다섯 제자들 중 한 사람인 앗싸지 비구가 라자가하 쪽으로 가고 있었다. 균형 잡힌 몸매에 출가자의 옷을 단정히 입은 이 비구는 절도 있는 발걸음으로 이 집 저 집을 돌며 밥그릇에 음식을 탁발하고 있었다. 성자 같은 태도를 지닌 이 위엄 있는 사람은 라자가하를 방황하고 있던 우빠띳싸의 시선을 즉시 사로잡았다.

'나는 저런 고행자를 본 적이 없다'고 우빠띳싸는 생각했다. 그는 그 비구가 아라한의 경지에 올랐거나 아라한이 될 과정에 있는 사람이 틀림없다고 생각했다. 우빠띳싸는 그 비구에게 다가가 '당신은 누구 밑에 출가했습니까? 당신의 스승은 누구입니까? 당신은 누구의 가르침을 믿습니까?'라고 묻고 싶었다.

그러나 비구의 조용한 탁발을 방해할까 싶어 우빠띳싸는 질문을 하지 않고 있었다.

앗싸지 아라한은 필요한 만큼의 음식을 탁발한 후 먹을 장소를 찾았다. 그것을 본 우빠띳싸는 기쁜 마음으로 아라한에게 의자와 마실 물을 제공했다. 그와 같이 제자의 기본적 의무를 행한 후에, 우빠띳싸는 기쁘게 인사하고 공손하게 물었다.

"선생님, 당신의 감각기관은 고요하고 평온합니다. 당신의 피부 빛깔은 깨끗하고 맑습니다. 당신은 누구 밑에 출가했습니까? 당신의 스승은 누구입니까? 당신은 누구의 가르침을 믿습니까?"

겸손한 앗싸지 아라한은 다음과 같이 공손하게 대답했다.

"형제여, 저는 아직 행자에 불과합니다. 저는 그대에게 법을 길게 설명할 능력이 없습니다."

"선생님, 저는 우빠띳싸입니다. 짧든지 길든지 당신의 능력만큼 제게 말씀해 주십시오. 저는 그것을 수백 수천 가지 방법으로 이

쉽게, 깊이 읽는 불교입문

해할 것입니다." 우빠띳싸는 계속해서 말했다. "짧든지 길든지, 제게 핵심을 말해 주십시오. 제가 원하는 것은 핵심입니다. 뒤범벅된 말들은 제게 아무런 소용이 없습니다."

앗싸지 비구는 원인과 결과의 법칙에 대한 합리적인 진리에 관해서, 붓다의 심오한 철학을 요령 있게 요약해서 네 줄의 시로 말했다.

"원인으로부터 생겨난 것들에 관해서
여래는 그것들의 원인을 말씀하셨고,
그것들의 소멸에 관해서도 말씀하셨다.
위대한 고행자는 그렇게 가르치신다."

앗싸지 비구가 우빠띳싸를 잘 인도했기 때문에, 처음의 두 행을 듣자마자 우빠띳싸는 예류과에 들어갔다.

우빠띳싸는 약속했던 대로 친구 꼴리따에게 기쁜 소식을 전해주기 위해 돌아갔다. 친구만큼이나 지성적이었던 꼴리따는 그 시를 전부 듣고 나서 예류과에 도달했다. 평화를 추구하던 노력이 성공적으로 결실을 맺자, 기쁨에 넘친 그들은 새로운 신앙으로 개종하는 문제를 상의하기 위해서 스승인 싼자야에게로 갔다. 우빠띳싸와 꼴리따는 싼자야의 제자 이백오십 명과 함께 뛰어난 스승인 붓다를 만나기 위해 벨루바나 사원으로 갔다.

붓다는 다음과 같이 간단한 말로 두 사람의 요청을 승낙하면서 그들을 승가에 들어오도록 허락했다.

"오라, 비구들이여!"

이주일 후에, 싸리뿟따 비구는 붓다가 방랑 고행자 디가나카에 게 '베다나 빠릭가하 쑷따'(느낌에 집착하는 것에 관한 가르침, Vedanā Pariggaha sutta)에 대해 설명하는 것을 듣고 아라한의 경지에 도달했다. 바로 그날 저녁에 붓다는 제자들을 모두 불러놓고, 제자 서열에서 싸리뿟따와 목갈라나가 각각 제1위, 제2위라고 말했다. 목갈라나는 이미 일주일 전에 아라한의 경지에 오른 상태였다.

6 붓다의 고향 방문

왕의 초청

붓다가 라자가하에서 법을 가르친다는 소식을 들은 붓다의 아버지 쑷도다나왕은 그를 몹시 만나고 싶어했다. 왕은 붓다를 까삘라밧투로 초대하려고 아홉 번에 걸쳐서 아홉 명의 사신들과 많은 수행원들을 연달아 보냈다. 그러나 왕의 기대와는 다르게, 아홉 명의 사신들은 모두 승가에 들어갔고 아라한의 경지에 올랐다. 아라한들은 세속적인 삶에 무관심하기 마련이므로 그들은 왕의 전갈을 붓다에게 전하지 않았다.

실망한 왕은 마지막으로 깔루다이를 보냈다. 그는 붓다의 어릴 적 친구였다. 그는 승가에 들어가는 것을 허락받는 조건으로 왕의 전갈을 전하러 가기로 했다.

그도 역시 법을 듣고는 아라한의 경지에 올랐으며 승가에 들어갔다. 그러나 다른 사신들과는 달리 그는 붓다에게 왕의 전갈을 전하고, 늙은 아버지를 방문하도록 간청했다. 붓다는 많은 제자들을 이끌고 고향을 방문하러 갔으며, 가는 도중에도 내내 법을 가르쳤다. 그들은 두 달만에 까삘라밧투에 도착했다.

붓다의 거처는 니그로다 공원에 마련되었다. 자부심이 강한 싸꺄족 노인들은 붓다에게 절을 하지 않고, 젊은이들만 앞으로 내보내 인사하게 했다. 붓다는 자신의 온 몸의 땀구멍에서 물과 불이 동시에 솟아 나오게 하고, 몸을 공중에 뜨게 하는 두 가지의 기적을 보임으로써 그들의 거만한 태도를 누그러뜨렸다. 왕은 그 신통력을 보고 붓다에게 절을 했다. 그것은 왕의 생애에서 붓다에게 세 번째로 한 절이었다. 첫 번째는 씨닷타 왕자가 아기였을 때 그를 보러 온 현자의 머리 위에 아기가 발을 올려놓고 축복했을 때였고, 두 번째는 밭갈이 축제 때 아기가 나무 그늘에 앉아 삼매에 잠긴 것을 보았을 때였다. 왕이 절을 하자, 나머지의 모든 싸꺄족 사람들도 붓다에게 합당한 존경의 예의를 표했다.

그러자 붓다는 공중에서 땅으로 내려와 준비된 자리에 앉았다. 친척들도 모두 앉아 붓다의 가르침을 들었다.

그때 이상한 현상이 일어났다. 비가 퍼부었는데도 비를 맞고 싶어하는 사람들만 비에 젖었을 뿐, 나머지는 비를 맞지 않았다. 싸꺄족 사람들이 이 현상을 보고 이상하게 생각하자, 붓다는 그와 비슷한 예가 붓다의 전생에 친척들 앞에서 벌어졌었다는 것을 말하기 위해서 벳싼따라 자따까(Vessantara Jātaka)를 설명했다.

붓다가 탁발하러 감

왕이 광채를 보다

그 다음 날 아무도 점심식사에 초대하지 않자, 붓다는 밥그릇을 손에 들고 제자들과 함께 까삘라밧투 거리의 이 집 저 집으로 탁발을 하러 갔다. 이 사실이 쑷도다나 왕에게 알려지자, 왕은 안절부절못하다 그 광경을 보러 갔다. 왕은 붓다에게 왜 가문을 부끄럽게 하느냐고 물었다.

붓다는 "왕이시여, 이것이 우리 가문의 관습입니다"라고 대답해 왕을 놀라게 했다.

"붓다여, 우리 가문은 마하쌈마따의 무사계급이 분명하고, 그 어느 무사도 탁발하러 나간 적이 없습니다."

"이 왕가는 당신의 가문입니다, 왕이시여. 제 가문은 붓다의 가문입니다."

길거리에 서서 붓다는 왕에게 다음과 같이 충고했다.

"주의 깊은 마음을 잃지 마십시오. 경솔하지 마십시오. 올바른 생활을 하십시오. 올바른 사람들은 이 세상과 다음 세상에서 행복하게 삽니다."

그러자 왕은 진리의 빛을 보고 예류과에 도달했다.

왕은 즉시 붓다에게서 그릇을 받아들고 붓다와 제자들을 왕궁으로 안내해서 음식을 대접했다. 식사가 끝난 후 붓다는 다음과 같이 법을 가르쳤다.

씨닷타 왕자의 부계(父系)

*(   )안은 배우자임.

씨끼족
자야쎄나

├─ 세하하누 + (깟짜나)
│   ├─ 숫도다나 + (마야) + (빠자빠띠)
│   │   ├─ 난다 + (야쏘다라)
│   │   │   └─ 라훌라
│   │   └─ 순다리난다
│   ├─ 도또다나
│   ├─ 써꼬다나
│   ├─ 쑤꼬다나
│   │   ├─ 마하나마
│   │   └─ 아누룻다
│   └─ 아미또다나
│   └─ 아난다
└─ 아미따 + (안자나)
    ├─ 마야
    │   └─ 밧싸
    └─ 빠미따 + (쑤빠붓다)
        ├─ 데바닷따
        └─ 야쏘다라

씨닷타 왕자의 모계(母系)

```
                        꼴리야족
                        비바다하
                    ┌───────┴───────┐
               안자나                  깟짜나
                 +                      +
            (야쏘다라)               (쎄하하누)
      ┌────────┴────────┐        ┌───────┴───────┐
   쑵빠붓다            단다빠니      숫도다나의 아내들
     +                          ┌──────┴──────┐
   (빠미따)                      마야         빠자빠띠
  ┌────┴────┐                   │         ┌────┴────┐
야쏘다라   비바닷따            씨닷타       난다   쑨다리난다
   +
 (씨닷타)
   │
라훌라
```

씨닷타 왕자의 모계(母系)

"올바르고, 타락하지 않은 생활을 하십시오. 올바른 사람들은 이 세상과 다음 세상에서 행복하게 삽니다."

그때 왕은 성자의 두 번째 단계인 일래과[1]의 경지에 도달했고, 붓다의 이모인 마하 빠자빠띠 고따미는 성자의 첫 번째 단계인 예류과에 도달했다.

왕은 훗날, 다시 붓다에게서 '담마빨라 자따까(護法者 本生經, Dhammapala Jātaka)'를 듣고 나서 성자의 세 번째 단계인 '불환과[2]에 도달했다. 그리고 임종할 때, 마지막으로 붓다에게서 법을 듣고 마침내 아라한의 경지에 올랐다.

붓다와 야쏘다라 왕자비

붓다가 왕궁을 방문했을 때, 야쏘다라 왕자비(붓다의 부인)를 제외한 모든 사람들이 붓다에게 경의를 표하러 왔다. 야쏘다라는 다음과 같이 생각했다.

'내가 덕이 있다면, 붓다가 나를 보러 오실 것이다. 그러면 나는 그분에게 경의를 표할 것이다.'

붓다는 자신의 그릇을 왕에게 맡기고, 두 제자들과 함께 야쏘다라의 방으로 들어가서 준비된 자리에 앉은 다음 이렇게 말했다.

"왕의 며느리가 원하는 대로 경의를 표하게 하십시오. 아무 말도 하지 마십시오."

그녀는 재빨리 다가와서 붓다의 발목을 붙잡은 다음 머리를 붓

쉽게, 깊이 읽는 불교입문

다의 발 위에 놓고, 자신이 원하는 대로 붓다에게 경의를 표했다.

그때 왕은 왕자비가 얼마나 붓다를 사랑하는지를 말했다.

"붓다여, 당신이 출가자의 옷을 입었다는 소식을 들었을 때, 왕자비도 출가자의 옷을 입었습니다. 당신이 하루에 한 끼만을 드신다는 소식을 들은 그녀는 자신도 한 끼만 먹었습니다. 당신이 높은 침상을 사용하지 않는다는 소식을 들은 그녀는 낮은 침상을 사용합니다. 당신이 꽃다발과 향수를 사용하지 않는다는 소식을 들은 그녀는 그런 것을 사용하지 않았습니다. 친척들이 그녀를 돌보겠다는 전갈을 전해 와도 그녀는 전혀 관심이 없었습니다. 제 며느리는 그렇게 덕을 쌓았습니다."

"이생에서 뿐만 아니라, 전생에서도 그녀는 나를 보호했습니다, 왕이시여"라고 말하고 붓다는, '짠다낀나라 자따까(Candakinnara Jātaka)'를 설했다.

그렇게 야쏘다라를 위로하고 나서 붓다는 왕궁을 떠났다.

쑷도다나 왕이 죽은 후 마하 빠자빠띠 고따미가 비구니가 되자, 야쏘다라도 승가에 들어갔으며 나중에는 아라한의 경지에 이르렀다.

야쏘다라 왕자비는 붓다와 동갑이었다.

붓다와 이복형제 난다

붓다가 까삘라밧투에 도착한 지 이틀 후에, 빠자빠띠 고따미의 아들인 난다 왕자는 성년식과 결혼식, 집들이를 한꺼번에 치르고 있었다. 붓다가 왕궁을 방문했을 때는 그 세 가지 축하식이 함께 벌어지고 있었다. 붓다는 그릇을 난다에게 건네고 나서 기도를 하고, 그릇을 도로 받지도 않은 채 가려고 일어섰다. 난다 왕자는 붓다의 뒤를 따라갔다. 왕자비 자나빠다 깔리야니는 붓다를 따라가는 난다를 보면서 이렇게 말했다. "빨리 돌아오세요, 소중한 남편이시여!" 난다 왕자는 아내의 말에 깊이 감동을 받았지만, 붓다를 존경하기 때문에 붓다가 손수 그릇을 들고 가게 할 수는 없었다. 그래서 그릇을 들고, 붓다와 함께 공원으로 갔으며, 승가에 들어오라는 요청을 받았다. 난다는 그를 붓다이자 맏형으로서 존경했기 때문에 마지못해 승가에 들어갔다. 그러나 그는 끊임없이 아내를 생각하고 있었다. 그의 생각을 읽은 붓다는 그를 올바른 수행의 길로 이끌 방법을 생각해냈다. 붓다는 그에게 천녀(天女)들을 보여주려고 신통력을 이용해서 천국으로 데려갔다. 가는 도중에 난다 비구는 말라죽은 들판 위의 타버린 그루터기에 암컷 원숭이가 매달려 울고 있는 것을 보았다. 천국에 도착했을 때 난다 비구는 천녀들을 보고 몹시 매혹되어서 자신의 아름다운 아내가 늙은 암컷 원숭이처럼 여겨졌다.

"천녀들을 갖고 싶으냐, 난다야"라고 붓다가 물었다.

"그렇습니다, 붓다여"라고 난다는 아이처럼 대답했다.

"명령하는 대로 따른다면 천녀들을 갖게 해주겠다"라고 붓다가 말했다.

쉽게, 깊이 읽는 불교입문

난다 비구가 천녀들을 갖기 위해서 비구생활을 하고 있다는 말을 들은 비구들은 그를 놀리고 경멸했다. 결국 그는 천녀를 갖는 것이 목적이었던 자신의 근본동기를 부끄러워했고, 열심히 노력해서 아라한의 경지에 도달했다.

붓다와 라훌라 왕자

붓다가 까삘라밧투에 도착한 지 7일이 지났을 때, 야쏘다라는 라훌라에게 정장을 입히고 붓다를 가리키며 말했다. "아들아, 훌륭한 모습을 하고 있는 저 위대한 고행자를 보아라. 저 분이 네 아버지이시다. 그분께 가서 유산을 달라고 청해라."

어린 라훌라는 어머니가 말한 대로, 아버지에게 유산을 달라고 청하며 다정하게 말했다. "오, 고행자이시여, 당신의 그림자조차 저를 기쁘게 합니다."

점심식사가 끝난 후, 라훌라는 계속 말을 걸면서 붓다의 뒤를 따라갔다. 감히 아무도 그를 말릴 수가 없었다. 붓다도 그가 따라오는 것을 막지 않았다. 공원에 도착하자, 붓다는 싸리뿟따 비구를 불러서 다음과 같이 말했다.

"라훌라가 내게 유산을 달라고 했다. 나는 보리수 아래서 얻었던 일곱 가지의 신성한 재산을 그에게 줄 것이며, 이 세상을 능가하는 유산을 갖도록 할 것이다. 그를 승가에 들어오게 하라, 싸리뿟따여."

승가에 들어가는 것이 허락되었을 때 라훌라의 나이는 일곱 살이었다.

쑷도다나 왕은 사랑하는 손자가 승가에 들어갔다는 뜻밖의 소식을 듣고 몹시 슬퍼했다. 왕은 붓다에게 가서 앞으로는 부모의 허락 없이 아이를 승가에 들여보내는 일이 없게 해달라고 겸손하게 청했다. 붓다는 요청을 받아들였다.

붓다는 특별히 라훌라 비구를 위해서 여러 번에 걸쳐서 가르침을 설했다. 나이가 들자, 라훌라는 비구계를 받았고, 오래지 않아 아라한의 경지에 도달했다.

붓다와 아난다

아난다는 붓다의 사촌이었다. 그는 싸꺄족의 귀족들인 아누룻다, 밧디야, 바구, 낌빌라, 데바닷따 등과 함께 승가에 들어갔다. 만따니뿟따 비구가 사물의 본질에 대해서 설명하는 것을 들은 아난다는 예류과에 도달했다.

아난다는 매우 좋은 기억력을 가지고 있었고, 항상 붓다 곁에 있으면서 모든 설법(說法)을 들을 기회를 가졌기 때문에, 훗날 그를 가리켜 '법의 보물창고'라고 불렀다.

붓다가 쉰다섯 살이 된 해부터 여든 살이 되어 열반에 들 때까지, 아난다 비구는 붓다가 가장 친애하는 수행원으로 활동하며 필요한 일들을 도왔다.

또한 비구니승가를 만들자고 붓다에게 간청한 것도 아난다 비구였다. 제1차 결집 때, 그는 붓다가 가르친 법을 암송하도록 선택되었다. 그래서 모든 경은 "이와 같이 내가 들었다"는 그의 말로 시작된다.

제1차 결집에는 오직 아라한만이 참석할 수 있었으며, 아난다가 주도적인 역할을 할 것이라고 예상하고 있었다. 그러나 그는 아직 아라한의 경지에 도달하지 못하고 있었다. 그래서 아난다는 더욱 열심히 노력했고, 결집 바로 전날 밤, 잠자리에 마악 들려는 순간에 아라한의 경지에 도달했다. 앉아 있는 자세나, 서 있는 자세나, 걷는 자세나, 자는 자세가 아닌 상태에서 아라한의 경지에 도달한 사람은 아난다뿐이라고 말한다.

붓다와 데바닷따

데바닷따는 쑤빠붓다의 아들이었으며, 붓다의 사촌인 동시에 처남이었다. 그는 붓다가 설법하던 초기에 승가에 들어갔으며, 신통력이 뛰어났다. 나중에 그는 세속적 재물과 명예에 유혹되어 생활방식을 완전히 바꾸었고, 붓다의 큰 적이 되었다.

그는 붓다가 연로하니 자신이 승가를 이끌고 싶다고 붓다에게 말한 적이 있다. 붓다는 거절했다. 그 후 데바닷따는 나쁜 짓을 많이 했기 때문에 아비찌(Avici) 지옥에서 지금도 고통을 받고 있다.

그는 붓다가 동의하지 않으리라는 것을 알았지만, 붓다를 헐뜯을 구실을 만들어 무지한 백성들의 지지를 얻으려는 목적으로 붓다에게 다음과 같은 다섯 가지의 규칙을 강화할 것을 요구했다.

① 비구는 숲에서만 살아야 한다.

② 비구는 탁발한 음식으로만 살아야 한다.

③ 비구는 쓰레기장이나 묘지에서 모은 천으로 만든 옷을 입어야 한다.

④ 비구는 나무 아래에서만 살아야 한다.

⑤ 비구는 일생 동안 생선이나 고기를 먹어서는 안 된다.

자비롭고 멀리 내다보는 붓다는 그러한 규칙들을 원하는 사람들은 그것을 지킬 자유가 있지만, 규칙들을 강요하지는 않는다고 말했다.

데바닷따는 붓다가 자신의 요청을 거부하자, 그것을 무기로 삼아 승가를 분파시켰다. 데바닷따의 사주를 받은 아자따쌋뚜는 자신의 아버지이자 순수하고 믿음이 깊은 빔비싸라 왕을 죽게 만들었다.

붓다를 파멸시키려는 노력이 모두 실패로 돌아가자, 데바닷따는 마지막으로 붓다의 머리 위에 바위를 던져 살해하려고 했지만 역시 실패했다.

어떤 책들은 데바닷따가 붓다에게 해악을 끼치기 전에는 신성한 종교 생활을 했기 때문에, 그 결과로 먼 미래에 '앗팃싸라'라는 이름을 가진, 독각(獨覺)이 될 것이라고 썼다.

7 붓다의 활동

붓다의 왕성한 활동은 45년 동안 지속되었다. 붓다의 경지에 오른 35세부터 80세에 열반에 들 때까지, 그는 많은 사람들에게 모범을 보이고, 계율을 가르쳤으며, 개인적인 욕심이 없이 인류를 위해 봉사했다. 1년 내내 이곳저곳으로 다니며 사람들에게 법을 가르치고, 그들을 윤회의 속박에서 벗어나게 하였다. 장마철인 7월부터 11월까지는 비가 끊임없이 오기 때문에 모든 고행자들의 관습대로 우안거를 지냈다.

깨달음 후의 20년

붓다방샤의 주석서에 의하면, 붓다는 깨달음 이후의 처음 스무 해를 다음과 같이 보냈다.

첫 해 ─ 베나레쓰

보름날에 법륜경(Dhammacakka Sutta)을 설명한 후에, 베나레쓰 근처에 있는 이씨빠따나의 사슴공원에서 최초의 안거를 지냈다. 그곳에는 붓다가 머물 만한 특별한 건물이 없었다.

둘째 해부터 넷째 해까지 ─ 라자가하

붓다가 빔비싸라 왕을 방문했을 때, 왕은 붓다와 제자들을 위해 대나무 숲을 선사했다. 그곳은 도시에서 멀지도 가깝지도 않았기 때문에 비구들이 은둔하며 수행하기에 이상적인 곳이었다. 그 조용한 숲에서 그들은 세 번의 우안거를 보냈다.

다섯째 해 ─ 베쌀리

이 해에 붓다는 베쌀리 근처에 있는 마하바나의 거처에서 머물렀다. 그때 쑷도다나 왕의 임종이 가까워졌다는 소식을 듣고, 붓다는 왕이 임종을 기다리며 누워 있는 방으로 가서 설법을 했다. 그러자 쑷도다나 왕은 즉시 아라한의 경지에 도달했으며, 7일 동안 해탈의 기쁨을 즐기고 세상을 떠났다.

비구니승가

비구니승가는 붓다가 다섯 번째 우안거를 지내는 동안 설립되었다. 쑷도다나 왕이 죽은 후, 마하 빠자빠띠 고따미는 승가에 들어가고 싶어서 붓다에게로 갔다. 그때 붓다는 까삘라밧투에 머물고 있었다. 빠자빠띠는 여성들도 승가에 들어갈 수 있도록 허락해 달라고 붓다에게 간청했다. 붓다는 여러 가지 이유를 들어 거절하고 베쌀리로 떠났다. 하지만 빠자빠띠는 좌절하지 않고, 머리를 깎은 다음 수행자의 옷을 입고, 수많은 싸꺄족 여인들과 함께 많은 어려움을 겪으며 걸어서 베쌀리로 갔다. 그들은 붓다가 머물고 있던 마하바나의 거처 밖에서 울며 눈물을 흘렸다. 이 애처로운 장면에 감동한 아난다 비구는 그녀들을 대신해서 붓다에게 간청했다. 붓다는 다시 세 번을 거절했지만, 결국은 아난다 비구의 간청에 설득되었다. 그러나, 마하 빠자빠띠 고따미가 다음의 여덟 가지 규칙[1]들을 준수하는 데 동의해야 한다는 조건으로 허락했다.

① 비구니계를 받은 백 살의 비구니라 할지라도, 바로 그날 비구계를 받은 비구 앞에서도 절하고 일어서야 한다.

② 비구니는 비구가 살지 않는 장소에서 안거를 지내서는 안 된다.

③ 비구니는 보름에 한 번씩 비구승가에게 포살계와 훈계를 언제 줄 수 있는지를 물어야 한다.

④ 우안거가 끝난 후 비구니가 우안거 수료식을 할 때는, 비구승가와 비구니승가가 함께 있는 앞에서 해야 한다.

⑤ 비구니가 중죄를 저질렀을 때는 비구승가와 비구니승가가 모두 함께 다루어야 한다.

⑥ 2년 동안 견습기간을 지낸 여자 행자는 비구승가와 비구니

승가로부터 계를 받아야 한다.

⑦ 비구니는 비구를 꾸짖거나 학대해서는 안 된다.

⑧ 비구니들은 비구들을 훈계해서는 안 되지만, 비구들은 비구니들을 훈계해야만 한다.

빠자빠띠 고따미는 여덟 가지 주요 규칙들을 지키며 살겠다고 기꺼이 동의했다. 그 조건들을 받아들였기 때문에 그녀는 자동적으로 사미니계와 비구니계를 받았다. 나머지 싸꺄족 여인들도 계를 받았다. 그들 모두는 나중에 아라한의 경지에 도달했다. 빠자빠띠 고따미의 딸들인 야쏘다라와 난다도 승가에 들어오는 것이 허락되었다.

비구니승가에서는 중요한 수제자로 케마와 우빨라반나가 지명되었다. 비구승가에서는 싸리뿟따와 목갈라나가 두 수제자였다.

여섯째 해 — 망꿀라 언덕

붓다가 까삘라밧투에서 친척들의 오만을 꺾기 위해서 '두 가지 기적'을 보였던 것처럼, 여기서도 다른 사람들을 개종시키기 위해서 두 번째로 신통력을 보여 주었다.

일곱째 해 — 33천계

씨닷타 왕자가 태어난 지 며칠 후에 어머니 마하 마야 왕비는 죽어서 33천계[2)]에 있는 신으로 태어났다. 깨달은 지 일곱째 해가 되는 우안거 동안에, 붓다는 그의 어머니 신이 이끄는 33천계의 신들에게 아비담마를 설명했다. 붓다는 낮에는 지상에 와서 싸리뿟따 비구에게 그 설법을 요약해서 설명했고, 싸리뿟따는 그 내용을 제자들에게 자세히 설명했다. 현재 전해지는 아비담마 삐따까(論藏, Abhidhamma Pitaka)에 실려 있는 것은 붓다가 그 법을 자세히 설명한 것이라고 한다.

이 철학적인 강의를 듣고 나서 어머니 신은 성자(聖者)의 첫 단계인 예류과에 들어갔다고 한다.

여덟째 해 — 베싸깔라 숲
박가 지방에 있는 쑴쑤마라 암석 근처에서 머물렀다.

아홉째 해 — 꼬쌈비
마간디야는 그녀의 아버지가 붓다에게 자기 딸과 결혼해달라고 청했을 때 붓다가 한 말 때문에 원한을 품었다.

열 번째 해 — 빠리렐랴까 숲
불행하게도 두 비구 집단들 사이에서 어떤 분쟁이 해결되지 않았기 때문에 붓다는 이 숲으로 안거하기 위해 들어갔다. 전하는 이야기에 의하면, 코끼리와 원숭이가 붓다의 시중을 든 것이 바로 이때였다고 한다.

열한 번째 해 — 브라민 마을

재미있는 '까씨바라드바자 쑷따(Kasibhāradvāja Sutta)'[3]를 설명한 곳이 이 마을이었다.

열두 번째 해 — 베란자

이 시기에 붓다와 제자들은 말의 먹이를 먹으며 생활해야만 했다. 베란자에서 머무는 동안, 율장을 설명했다.

열세 번째 해 — 짤리야 암석

열네 번째 해 — 제따바나 사원, 싸밧티

이때 라훌라 비구는 스무 살이 되었고 비구계를 받았다.

열다섯 번째 해 — 까삘라밧투

야쏘다라 왕자비의 아버지인 쑤빠붓다 왕이 비극적인 죽음을 맞이했다. 붓다는 고향에서 단 한 번의 우안거를 지냈을 뿐이다.

열여섯 번째 해 — 알라바까의 도시

인간의 살을 먹고 사는 악마인 알라바까가 개종한 것은 이 시기였다.

열일곱 번째 해 — 라자가하

쉽게, 깊이 읽는 불교입문

열여덟 번째 해 — 짤리야 암석

열아홉 번째와 스무 번째 해 — 라자가하

앙굴리말라

악명 높은 살인자 앙굴리말라를 개종시킨 것은 붓다가 깨달은 지 스무 번째 되는 해였다. 앙굴리말라의 본명은 아힝싸까(순진)였다. 명성이 자자했던 그의 스승은 유명한 가문의 자손이자 가장 뛰어난 제자인 그를 총애했다. 스승과의 이런 관계는 불행하게도 다른 이들의 질투를 샀고, 종국에는 그를 모함하는 나쁜 소문이 나돌았다. 결국 그의 스승은 그를 싫어하게 되었다. 진실을 알아보지도 않은 채 스승은 몹시 화가 나서 그를 죽일 생각으로, 살아 있는 사람의 손가락을 1,000개 잘라 오라고 명령했다.

그는 내키지 않았으나, 스승에게 복종하기 위해 숲으로 갔다. 손가락을 모아 오라는 명령을 실행하기 위해, 그는 사람을 죽이기 시작했다. 나중에는 수를 세기 위해서 손가락들을 실로 꿰어 목걸이를 만들었다. 그래서 이름이 앙굴리말라(손가락 목걸이)가 되었다. 그가 999개의 손가락을 모아 목표에 거의 도달할 무렵, 붓다와 마주쳤다. 그는 붓다를 죽이려고 시도했으나 실패하였고, 결국에는 신성한 법으로 개종하여 승가에 들어오도록 붓다의 허락을 받았다.

어느 날, 그는 탁발을 하러 가다가 산고를 겪는 여인을 보았다.

여인을 돕고 싶었지만, 오히려 여인이 그를 두려워하였다. 자비심
으로 여인을 돕고 싶었던 그는 붓다에게 그 얘기를 전했다. 그러
자, 붓다는 앙굴리말라에게 그런 경우에는 다음과 같은 진언을 말
하라고 가르쳤다.

"여인이여, 나는 비구계를 받았으므로, 이제 나는 의식적으로
살생하지 않는다. 이 사실을 믿고 그대는 건강할지라. 또한 그대의
아기도 건강할지라."

그는 이 진언을 외우고 나서, 산고를 겪고 있는 여인에게로 갔
다. 그는 두 사람 사이에 가리개를 치고 자리에 앉아서 진언을 말
했다. 그의 진실한 행동으로 인해 여인은 그 즉시 아기를 순산할
수 있었다. 이 진언의 효력은 오늘날까지도 이어지고 있다.

머지않아, 앙굴리말라 비구는 아라한의 경지에 도달했다.

그 후 25년

그 후 25년을 붓다는 거부인 아나타삔디까가 세운 싸밧티의
제따바나 사원과, 주요 후원자인 비싸카가 세운 뿌바라마에서 보
냈다.

아나타삔디까

아나타삔디까는 싸밧티에 사는 거부로, 가난한 이들을 돕는 사
람이었다. 그의 성은 쑤닷따였다. 그는 라자가하의 처남을 방문하

고 있을 때 붓다가 근처 숲에 머물고 있다는 소식을 듣고 매우 기뻤다. 붓다를 몹시 만나고 싶어했기 때문에, 그는 아침 일찍 일어나 황량한 무덤들을 지나서 붓다가 있는 곳으로 갔다. 붓다에 대한 그의 믿음이 매우 강해서 그의 몸에서는 빛이 나오는 듯이 보였다. 묘지를 지날 때, 그 불빛의 도움을 받고, 눈에 보이지 않는 존재가 용기를 북돋아주어서 그는 씨따바나에 도착할 수 있었다. 붓다는 그가 올 것을 미리 알고 있었기 때문에 그 앞을 이리저리 거닐고 있었다. 붓다는 그의 성을 말하며 그를 불렀다. 그는 붓다에게서 법을 듣고 예류과에 들어갔다.

그 후 그는 싸밧티로 돌아와서 제따 왕자가 소유하고 있던 공원을 샀다. 공원을 전부 덮을 만큼의 금화를 주고 그 공원을 산 뒤, 많은 돈을 들여 그 유명한 제따바나 사원을 세웠다. 붓다는 여기서 열아홉 번의 우안거를 보냈다. 붓다가 일생의 중요한 시기를 보낸 이 사원은 붓다가 설법한 많은 경전들의 배경이 되었다.

붓다는 그에게 재가자(在家者)들이 특별히 관심을 가질 만한 가르침들을 많이 설했다. 뛰어난 보시를 한 덕분에, 그는 붓다를 후원한 최고의 재가신도로 간주되었다.

그의 제안으로 제따바나 사원의 입구에 아난다 보리수가 심어졌고, 그 나무는 지금까지도 살아 있다.

그에게는 뿐날락카나라는 아내와 마하 쑤밧다, 쭐라 쑤밧다, 쑤마나라는 세 명의 착한 딸들이 있었다. 맏딸은 예류과에 도달했고, 막내딸은 일래과에 도달했다. 그의 외아들 깔라는 처음에는 종교에 관심이 없었지만, 아버지가 요령 있게 지도한 덕분에 나중에는 예류과에 올랐다.

아나타삔디까는 싸리뿟따 비구에게서 심오한 설법을 들은 후 마지막 숨을 거두었다.

아나타삔디까는 죽은 후 뚜씨따 천국에 태어났다. 천국에서 신으로 태어난 바로 그날 밤에 그는 지상의 붓다를 방문했으며, 싸리뿟따의 덕을 칭찬하면서 그의 사원에 머물고 있는 붓다와 제자들을 보는 기쁨을 표현했다는 이야기가 전해진다.

비싸카

비싸카는 거부인 다난자야의 딸로, 믿음이 깊었다. 그녀의 어머니는 쑤마나였고, 할아버지는 멘다까였다.

그녀가 겨우 일곱 살이었을 때 붓다가 그녀의 고향을 방문한 적이 있었다. 그녀는 비록 나이는 어렸지만 윤회에 대해서 비교적 잘 알고 있었다. 그런 연유로 붓다에게서 처음으로 법을 들었을 때, 예류과에 도달했다.

책에는 그녀가 청소년 시절에도 남자 같은 강인함을 갖고 있었다고 적혀 있다. 여성의 온갖 매력과 재능을 갖춘 젊은 비싸카는 세속적 지혜와 정신적 통찰력이 모두 뛰어났다.

그녀는 백만장자인 미가라의 아들이자 비불교도 청년인 뿐나밧다나와 결혼하게 되었다. 결혼식 날, 그녀는 많은 결혼예물과 진귀한 장식품들을 받고, 열 가지의 훈계를 들었다. 그녀는 재치와 인내를 가지고 시댁을 행복한 불교도의 집안으로 개종시키는 데 성공했다. 그녀의 냉담한 시아버지가 제일 먼저 불교를 수용했고 예류과에 도달했다. 그 다음부터, 그녀는 마음대로 종교활동에 종사할 자유를 얻었다.

붓다의 제안에 따라 싸밧티의 동쪽에 있는 뿌바라마를 건축한 것도 그녀였다. 붓다는 거기서 여섯 번의 우안거를 보냈다.

그녀는 붓다와 제자들을 후원한 가장 탁월한 재가 여신도였다. 여인으로서 그녀는 불교종단에 관련된 많은 활동에서 매우 중요한 역할을 했다. 때때로 붓다가 비구들 사이에 일어난 분쟁을 해결하기 위해서 그녀를 보낼 정도였다. 또한 그녀의 제안에 따라 비구니들을 위한 규정이 몇 가지 정해지기도 했다.

그녀는 위엄 있는 행동과 세련된 태도, 용기 있는 웅변, 연장자에 대한 복종과 존경심, 자기보다 못한 사람들에 대한 자비심과 친절한 우애를 갖고 있었기 때문에 그녀를 아는 모든 사람들이 좋아했다.

8 붓다의 일상

붓다는 미리 정해진 계획에 따라 체계적으로 일과를 행했다. 붓다는 필수적인 육체적 요구를 해결할 때를 제외하고는 하루종일 종교적 활동에 종사했다. 붓다는 몇 차례에 걸쳐 세속적 행복을 위한 설법을 했지만, 그의 중요한 관심사는 사람들의 도덕 정신을 향상시키는 것이었다. 붓다 자신은 이미 깨달음을 얻었지만, 그는 다른 사람들을 깨닫게 하기 위해서 최대한으로 노력했다.

붓다의 하루는 다섯 부분으로 나누어진다. 즉, 오전 시간, 오후 시간, 오후 여섯 시부터 열 시까지, 오후 열 시부터 다음 날 새벽 두 시까지, 새벽 두 시부터 아침 여섯 시까지의 시간대로 나누어진다.

오전 시간

보통은 아침 일찍, 붓다는 천안통으로 세상을 둘러보고 도움을 필요로 하는 사람을 찾는다. 어떤 사람이 붓다의 도움을 필요로

쉽게, 깊이 읽는 불교입문

한다면, 초대받지 않았더라도 그에게 가서 올바른 길로 이끈다. 대개는 걸어서 가지만 상황에 따라서는 신통력을 이용해서 가기도 한다. 붓다는 사악하고 불순한 사람을 찾아가서 이끈다. 착하고 순수한 사람은 스스로 붓다를 찾아온다.

붓다는 정신적으로 도움을 필요로 한다고 생각되는 사람이 있으면 찾아가서 돕고, 자신이나 제자들을 초청하는 사람들이 없으면 탁발하러 마을로 갔다. 그리고 정오가 되기 전에 하루 식사를 마쳤다.

식사가 끝난 즉시 붓다는 사람들에게 짧은 법문을 설하고, 그들이 삼보에 귀의하고 재가자의 다섯 가지 계율을 지킬 것을 서약하게 했다. 만일 정신적으로 성숙한 사람들이 있으면, 그들에게 성자의 경지에 이르는 길을 설명했다. 승가에 들어오고 싶어하는 사람들이 있을 때는 때때로 사미계나 비구계를 주었다. 그 후에는 사원으로 돌아왔다.

오후 시간

점심 식사가 끝나고, 비구들이 설법을 듣고자 사원에 모여 있을 때 붓다는 법좌에 앉는다. 어떤 비구들은 자신의 기질에 맞는 명상의 대상들을 선택하여 적당한 장소로 은둔한 다음, 명상을 한다. 다른 사람들은 붓다에게 절하고 자기들의 처소로 돌아가서 오후 시간을 보낸다.

그렇게 제자들을 가르친 뒤, 붓다는 휴식을 취하기 위해서 자신의 방으로 돌아간다. 휴식을 원할 때는, 오른쪽으로 누워 방심하지 않은 상태에서 잠깐 낮잠을 잔다. 낮잠에서 깨면 붓다는 대자비심(大慈非心)의 희열을 느끼고, 신통력으로 세상을 둘러본다. 정신적 조언을 필요로 하는 사람들이 있는지를 살피기 위해서, 붓다는 은둔해서 명상을 하고 있는 비구들과 다른 사람들을 둘러본다. 잘못을 저지르고 조언을 필요로 하는 사람들이 멀리 떨어져 있으면, 붓다는 신통력을 이용해서 그들에게 가서 충고한 다음, 자신의 거처로 돌아간다.

저녁이 되어갈 때, 재가신도들이 법을 듣기 위해 모여든다. 붓다는 그들의 숨겨진 기질과 경향을 천안통으로 감지하고, 거기에 맞추어 한 시간 가량 설법한다. 청중들은 여러 종류의 사람들이지만, 저마다 붓다의 설법이 특별히 자신을 위한 것이라고 생각한다. 붓다가 설법하는 기술은 그와 같았다. 대체로, 붓다는 주로 법을 가르치면서 다른 사람들을 개종시켰다. 붓다는 감정보다는 지성에 더 호소하기 때문이다. 붓다는 진리를 추구하는 사람들에게 충고하기를, 단지 누군가의 권위 때문에 그것을 무조건 받아들이지 말고, 스스로 자신의 이성을 사용해서 그것이 옳은지 그른지를 판단하라고 했다.

언젠가 껫싸뿟따의 깔라마쓰가 붓다에게 말하길, 설법하러 온 고행자들과 브라민들은 자신들의 가르침만 칭찬하고, 다른 사람들의 가르침을 비난하기 때문에 누가 진리를 말하고 누가 틀린 것인지를 알 수 없어 당황한다고 했다.

"그렇다. 깔라마쓰여. 그대가 의심하는 것은 당연하다. 그대의 생각이 흔들리는 것은 당연하다. 의심스러운 일에 관해서는 생각이 흔들린다."

붓다는 그렇게 말하고, 옛날의 브라민뿐만 아니라 현재의 합리주의자들에게도 효과가 있을 충고를 했다.

"오라, 깔라마쓰여! 단지 풍문으로만 듣고 어떤 것을 받아들이지 말라. 전통이라는 이유만으로 어떤 것을 받아들이지 말라. 소문만 듣고 어떤 것을 받아들이지 말라. 그대의 경전에 나와 있다는 이유만으로 어떤 것을 받아들이지 말라. 단지 미신 때문에 어떤 것을 받아들이지 말라. 단지 논리만을 생각해서 어떤 것을 받아들이지 말라. 단지 그대의 선입견과 같다는 이유만으로 어떤 것을 받아들이지 말라. 인정할 만하게 보인다는 이유만으로 어떤 것을 받아들이지 말라. 우리가 존경하는 고행자가 한 말이라는 이유만으로 어떤 것을 받아들이지 말라.

깔라마쓰여, 그런 식으로 받아들이는 것은 부도덕한 일이며, 비난받을 일이며, 현자들의 책망을 받을 일이다. 그런 것들을 행하면 파멸과 슬픔이 온다는 것을 그대 스스로가 알 때는 진실로 그런 일들을 거부해야 한다.

그런 일들을 거부하는 것은 도덕적이며, 결점이 없으며, 현자의 칭찬을 들을 일이다. 그렇게 하면 안녕과 행복이 온다는 것을 그대 스스로가 알 때는 그에 따라 살아야 한다."

2,500년 전에 붓다가 한 말이지만, 원래의 효력이 지금까지도 생생하게 살아 있다.

앙굴리말라, 케마 등에게처럼, 붓다는 신통력을 아주 드물게 발휘했다.

붓다의 탁월한 가르침은 누구에게나 똑같이 흡족한 것이었다. 그의 합리적인 가르침에는 아기를 위한 우유와 청년을 위한 고기가 들어 있었다. 부유한 사람이든 가난한 사람이든, 지위가 높은 사람이든 낮은 사람이든 기존의 종교를 버리고 새로운 평화의 가르침을 받아들였다. 다섯 사람의 고행자들로 시작되어 규모상으로는 아기와 같았던 종교가 곧 백만 인의 종교가 되었고, 인도 중앙으로부터 밖으로 멀리멀리 평화롭게 퍼져 나갔다.

오후 여섯 시부터 열 시까지

이 시간대는 전적으로 비구들을 위해 마련되었다. 이 시간대에 비구들은 복잡한 법에 관해서 의심나는 것이 있으면 붓다에게 질문하고, 명상할 대상에 관한 것과 법에 관한 설명을 들었다.

오후 열 시부터 다음 날 새벽 두 시까지

이 시간대에는, 신들이나 브라마처럼 보통 사람의 눈에는 보이지 않는 천상의 존재들이 붓다에게 와서 법에 관한 질문을 했다.

쉽게, 깊이 읽는 불교입문

붓다가 그들에게 했던 몇 가지 설법과 대답들은 주로 잡아함(雜阿含, Saṁyutta nikāya)에 나와 있다.

새벽 두 시부터 오전 여섯 시까지

이 시간대는 넷으로 나누어진다. 처음 한 시간 동안 붓다는 왔다갔다 걸으면서 간단한 신체 운동을 한다. 세 시부터 네 시까지는 오른쪽으로 누워서 방심하지 않고 잠을 잔다. 네 시부터 다섯 시까지는 아라한과에 들어가 열반의 희열을 즐긴다. 다섯 시부터 여섯 시까지는 대자비심의 희열을 즐기는 데 할애한다. 이른 아침에 붓다는 모든 중생을 향해서 사랑과 자비의 빛을 방출하고, 천안통으로 세상을 둘러보면서 도울 일이 어디 있는지를 살핀다. 도울 만한 일이 있으면, 붓다 자신이 찾아가서 정신적 조언을 해준다.

* * *

붓다는 하루종일을 종교활동에 종사했다. 붓다는 밤에 한 시간만 잠을 잤다. 정오의 한 시간과 동틀 녘의 한 시간을 합해 꼬박 두 시간 동안 세상을 향해 자비심을 보냈다. 붓다는 그 누구에게도 폐를 끼치지 않고 자신의 음식을 마련했다. 자발적으로 가난한 삶을 살고, 이 집 저 집을 탁발하여 먹었으며, 1년에 여덟 달을 여기저기 떠돌며 살았다. 그와 같은 생활을 붓다는 여든 살이 될 때까지 꾸준히 계속했다.

9 위대한 선구자, 붓다

붓다는 독특한 사람이었다. 그는 심오한 사상가, 가장 설득력 있는 연사, 가장 정력적인 활동가, 가장 성공적인 개혁가, 가장 효과적인 경영자, 가장 신성한 사람이었다.

출가하고 나서 초기에는 유명한 종교지도자들의 조언을 구하러 다녔지만, 그가 구하려 한 것을 외부에서는 얻을 수 없었다. 그래서 그는 어쩔 수 없이 스스로 생각하고 내면에서 구하게 되었다. 그는 찾아다녔고, 생각했고, 숙고했다. 그리고 드디어 삶의 목표를 찾아냈다. 보통 말하듯이 그가 아기 때부터 비범했기 때문이 아니라 그가 진리를 발견했기 때문에, 그에게서 가르침을 듣고 싶어하고, 태어남과 죽음의 영원한 반복인 윤회로부터 해탈하고 싶어하는 모든 사람들에게 그는 불멸의 문을 열어주었다.

그는 알아야 할 것들을 모두 알았고, 모든 지식을 여는 열쇠를 얻었기에 '전지(全知)'라고 불린다. 그는 수많은 생들을 통해서 노력한 결과로 전지의 지식을 얻었다.

쉽게, 깊이 읽는 불교입문

그는 자신이 아는 것 중에서 극소량을 가르쳤다. 그는 우리가 해탈하는 데 필요한 것만을 가르쳤다.

언젠가 붓다가 숲에 머물고 있을 때, 나뭇잎을 한 줌 집으며 말했다.

"비구들이여, 내가 그대들에게 가르친 것은 이 손안에 있는 나뭇잎들에 비유된다. 내가 그대들에게 가르치지 않은 것은 이 숲 속 나뭇잎들의 수에 비유된다."

붓다는 매일 비구들과 재가신도들에게 법을 설명했다. 오전에는 그의 도움을 필요로 하는 사람을 찾아다녔다. 점심식사 직후에는 비구 제자들을 훈계하고 법을 설명했다. 저녁에는 그의 가르침을 들으러 몰려든 재가신도들에게 약 한 시간 동안 법을 설명했다. 저녁 여섯 시부터 열 시까지는 다시 비구 제자들을 가르쳤다. 저녁 열 시부터 새벽 두 시까지는 신들과 눈에 보이지 않는 존재들의 방문을 받고, 그들에게 법을 설명했다.

붓다는 자신이 가르친 것을 실행하면서, 45년이라는 긴 시간 동안 생애의 마지막 순간까지 모든 중생의 행복과 복지를 위해서 끊임없이 일했다.

붓다와 카스트 제도

붓다는 그 당시에 퍼져 있던 사회악을 근절하기 위해서 매우 현명하고 효과적으로 노력했다. 그는 인류의 진보를 가로막는 카스트 제도에 열렬히 대항했다.

다음은 그의 견해이다.

"출생에 의해서 브라민과 비(非)브라민이 만들어지는 것이 아니다.

진실로 브라민을 만드는 것은 그가 삶에서 무엇을 하느냐이다.

인간의 삶이 농부, 무역상, 상인, 농노, 강도, 군인, 사제, 왕을 만든다.

출생에 의해서 천민이 되는 것이 아니고,

출생에 의해서 브라만 계급이 되는 것이 아니다.

행동에 의해서 천민이 되고,

행동에 의해서 브라만 계급이 된다."

붓다에 의하면, 사회계급이나 피부색은 불교도가 되거나 승가에 들어가는 데 장애가 되지 않는다. 어부나 청소부, 창녀들도 무사계급이나 브라민들과 함께 자유롭게 승가에 들어갈 수 있고, 동등한 권리와 동등한 지위를 가질 수 있다.

예를 들어, 이발사인 우빨리[1]는 계율에 관한 문제에서 가장 권위 있는 인물이 되었다. 내성적인 청소부, 쑤니따를 승가에 받아들인 사람도 붓다였다. 창녀인 암바빨리는 승가에 들어와서 아라한의 경지에 도달했다. 지독한 이교도였으나 비구가 된 싸띠는 어부의 아들이었다. 쑤바는 대장장이의 딸이었고, 뿐나는 노예소녀였다. 짜빠는 사슴 사냥꾼의 딸이었다. 이러한 예들은 불교의 관문이 넓었을 뿐만 아니라 누구에게나 구분 없이 열려져 있었다는 것을 잘 증명한다.

인류 역사상 최초로 노예제도를 폐지하려고 시도한 사람도 붓다였다.

붓다와 여성

붓다는 여자들의 지위를 향상시키고, 그들의 사회적 중요성을 스스로 인식하게 했다. 그는 여자를 천대하지 않았으나, 그들이 본질적으로 약하다고 생각했다. 그는 남자와 여자 모두에게 잠재된 본질적인 선(善)을 보았으며, 그들이 가르침을 올바로 받아들이도록 이끌었다. 성자의 경지에 도달하는 데는 성(性)이 장애가 되지 않는다.

빠알리경전에서는 여자들을 가리킬 때 '어머니들', '어머니의 사회'라는 말을 가끔 쓴다. 어머니로서의 여자는 불교에서 존경받는 위치를 차지한다. 아내는 남편의 '제일 좋은 친구'로 여겨진다.

붓다는 여자들이 승가에 들어오는 것을 처음에는 거절했지만, 나중에는 아난다 비구의 간청에 설득되어 비구니승가를 만들었다.

비구승가에서의 수제자 두 명이 싸리뿟따와 목갈라나[2]였던 것처럼, 아라한들이 된 케마와 우빨라반나는 비구니승가에서 두 명의 수제자였다. 그밖에 많은 비구니들도 믿음이 깊고 뛰어난 제자들이었으며, 붓다가 직접 이름을 지어주었다.

붓다가 세상에 나오기 전에 여자들은 불리한 상황에 놓여 있었기 때문에, 이 새로운 승가는 확실히 큰 기쁨이었다. 이 비구니승가에서는 왕비, 공주, 귀족의 딸, 과부, 자식을 잃은 어머니, 가난한 여인, 창녀 등이 그들의 계급이나 지위에 상관없이 공통된 기반 위에서 만났다. 그들은 순수한 위안과 평화를 즐겼으며, 집과 궁전이라는 제한되고 틀어박힌 생활에서는 접할 수 없는 자유로운 분위기에서 숨쉬었다. 세상에서 잊혀졌을지도 모를 많은 사람들이 승가에 귀의함으로써 여러 방면에서 자신의 능력을 발휘했으며, 해탈을 얻었다.

말 못하는 짐승들에 대한
붓다의 자비심

붓다의 자비심은 남자와 여자들에게만 발휘된 것이 아니라 말 못하는 짐승들에게까지 발휘되었다. 붓다는 불쌍한 짐승들을 희생양으로 바쳐 제사 지내는 것을 금지했으며, 제자들에게 모든 중생을 사랑하라고 훈계했다. 생명은 누구에게나 소중한 것이므로, 그 누구도 자신의 위장을 채우기 위해서 다른 살아 있는 동물의 생명을 파괴할 권리를 갖고 있지 않은 것이다.

붓다의 위대함

붓다가 비구승가와 비구니승가를 포함한 수많은 제자들을 효과적으로 이끌어간 방법은 그의 뛰어난 경영 능력을 증명한다. 그는 현대 의회조직의 원리를 미리 보여주었다.

제트랜드경은 이렇게 썼다.

"현대 의회에서 실행되는 기초원리들이 이천오백 년 전의 인도에 살던 불교도들의 집회에서 발견된다는 사실을 알면 많은 사람들이 깜짝 놀랄 것이다."

붓다의 가장 주목할 만한 특성은 그의 완전한 순수함과 완전한 신성함이다. 그는 너무 순수하고 너무 신성하기 때문에, '신성한 분들 중에서 가장 신성한 분'이라고 불리어야 한다. 붓다는 그가 가르친 모든 미덕들을 완전히 실행한 귀감이다. 그의 삶에는 불순함이 전혀 없다. 어떤 경우에도, 붓다는 도덕적 잘못을 저지르지 않았다. 붓다를 만난 사람들은 모두 그의 확실한 위대함을 인정했으며, 그의 매력적인 인품에 깊이 감동했다.

붓다의 의지, 지혜, 자비심, 봉사, 윤회를 버리는 마음, 완전한 순수함, 모범적인 생활, 법을 전할 때 사용하는 순수한 방법들, 궁극적 깨달음 등은 붓다를 역사상 가장 위대한 종교지도자로 환호하며 맞이하게 했다.

힌두교도들은 붓다를 비슈누의 화신으로서 존경한다. 기독교인들은 붓다를 요샤파뜨(joshaphat) 성인[3]으로 인정한다(이것은 빠알리인 보디쌋따를 잘못 쓴 것이다). 무슬림들은 붓다를 종교적 스승으로 존경한다. 합리주의자들은 붓다를 위대한 자유사상가로 생각한다.

뛰어난 사상가인 웰즈는 세계의 위인 7명 중에서 붓다를 제1위에 놓는다. 시인 타고르는 붓다를 역사상 가장 위대한 사람이라고 부른다.

러시아 출신의 붓다 찬미자인 파우스볼은 이렇게 말한다.

"내가 그 분을 더 많이 알수록, 나는 그 분을 더 사랑하게 된다."

겸손한 제자는 이렇게 말할 것이다.

"내가 그 분을 더 많이 알수록, 나는 그분을 더 사랑하게 된다. 내가 그 분을 더 사랑할수록, 나는 그분을 더 많이 알게 된다."

쉽게, 깊이 읽는 불교입문

10 열반[1]에 들다

붓다는 여든 살이 되었다. 죽음이 가까이 오고 있었다. 두 명의 수제자인 싸리뿟따와 목갈라나가 먼저 세상을 떠났다. 라훌라 비구와 야쏘다라도 이미 세상을 떠났다.

어느 날, 붓다는 아난다 비구를 불러 이렇게 말했다.

"아난다야, 네 가지의 신통족[2]이 완전히 발달한 사람은 본인이 원한다면 백 살이나 그 이상도 살 수 있다. 이제 여래는 완전히 수행해서 그것들을 성취했기 때문에, 여래가 원한다면 백 살이나 그 이상도 살 수 있다."

그러나, 아난다 비구는 잠시 악마에게 마음을 빼앗겨서 그 말이 무엇을 의미하는지를 이해할 수 없었다. 그는 붓다에게 다음과 같이 간청하는 것을 잊었다.

"붓다여, 백 살 이상 이 세상에 남아 주십시오. 많은 중생의 안녕과 행복을 위해서 백 살 이상 살아 주십시오."

붓다는 먼젓번과 같은 말을 두 번, 세 번 반복했다. 그러나 아난다는 여전히 침묵했다.

악마 마라[3]

아난다 비구가 나가자, 악마가 붓다에게 다가와서 이 세상을 떠날 것을 제의했다. 붓다는 이렇게 대답했다.

"악마여, 안심해라. 머지않아 여래는 죽을 것이다. 지금부터 석 달 후에 여래는 죽을 것이다."

그 즉시, 붓다는 이 세상에 머물 수 있는 남은 여생을 의식적이고 고의적으로 거부했다.

훗날, 붓다는 이 일을 아난다 비구에게 말했다. 그러자 아난다 비구는 그때 일을 기억하고 나서, 붓다에게 백 살 이상 살라고 간청했다.

"됐다, 아난다야. 여래에게 간청하지 말아라. 그렇게 요청할 수 있는 기회는 이미 지나갔다. 만일 그대가 그때 여래에게 간청했더라면, 여래가 두 번째 간청까지는 거부했을지 몰라도, 세 번째 간청에는 허락했을 것이다. 그러므로, 아난다야. 너의 실수다"[4]라고 붓다는 답했다.

권고

또 다른 기회에, 붓다는 모든 제자들을 불러놓고, 다음과 같이

쉽게, 깊이 읽는 불교입문

말했다.

"제자들이여, 잘 들어라. 이제 내가 그대들에게 말하겠다. 만들어진 것들은 모두 일시적이다. 열심히 노력하라. 깨달음을 성취한 이가 곧 최후의 해탈을 할 것이다. 지금부터 석 달 후에 성취자는 완전한 열반에 들어갈 것이다.

내 나이는 고령이고, 내게 남은 인생은 짧다. 그대들을 남기고 나는 갈 것이다. 나는 내 자신을 귀의처로 삼았다. 제자들이여, 노력하라. 항상 주의 깊게 깨어 있고, 도덕을 지켜라. 생각을 모으고, 네 마음을 보호하라. 그렇게 행하는 사람은 윤회에서 벗어나고 고통을 끝내게 될 것이다."

담마라마 비구의 찬양

붓다가 석 달 후에 죽을 것이라는 말을 들은 평범한 제자들은 크게 슬퍼했다. 많은 제자들이 붓다에게 마지막으로 경의를 표하기 위해서 왔다. 그러나 담마라마라는 비구는 그 무리에 끼지 않았다. 이 사실이 붓다에게 알려지자, 붓다가 그를 불렀다. 그런 행동에 대해 묻자, 이 착실한 비구는 다음과 같이 대답했다.

"붓다여, 저는 스승님이 석 달 후에 돌아가시리라는 것을 알았습니다. 그래서 저는 스승님이 돌아가시기 전에 제가 아라한의 경지에 도달하는 것이 스승님을 최대로 존경하는 방법이라고 생각했습니다."

"훌륭하다. 나를 사랑하는 사람은 이 비구처럼 해야 한다. 그는 내 가르침을 가장 잘 실행하기에 나를 최대로 존경하는 사람이다"라고 말하면서 붓다는 이 모범적인 비구의 훌륭한 행동을 칭찬했다.

붓다의 최후 식사

대장장이 쭌다는 부자이면서 믿음이 깊은 사람이었다. 그는 붓다가 빠바에 와서 그의 망고 숲에 머물고 있다는 소식을 들었다. 그는 붓다에게 가서 매우 유익한 설법을 들은 후에, 붓다와 제자들을 다음 날 점심 식사에 초대했다.

그 다음 날, 쭌다는 많은 양의 버섯요리[5]와 함께 부드러운 음식과 딱딱한 음식들을 골고루 차려놓고, 붓다에게 식사시간을 알렸다. "붓다여, 이제 시간이 되었습니다. 공양이 준비되었습니다."

그날 오전에 붓다는 옷을 입고, 그릇과 승복을 갖고 제자들과 함께 쭌다의 거처로 가서 준비된 자리에 앉았다. 붓다는 쭌다에게 다음과 같이 말했다.

"쭌다여, 그대가 준비한 저 버섯요리를 내게 주어라. 그러나 내 제자들에게는 딱딱하거나 부드러운 다른 음식들을 주어라."

"그렇게 하겠습니다, 붓다여"라고 쭌다는 대답하고 그대로 행했다. 그러자, 붓다가 쭌다에게 말했다.

"쭌다여, 남은 버섯요리는 모두 땅 속에 구멍을 파서 묻어라. 나를 제외하고는, 이 세상의 어떤 신도, 악마도, 브라마도, 고행자도, 사제도, 신도, 인간도 이 버섯요리를 먹고 잘 소화시킬 수 있는 이가 아무도 없다는 것을 내가 알기 때문이다."[6]

"그렇게 하겠습니다"라고 대답한 쭌다는 나머지 버섯요리를 땅속에 파묻고 나서, 붓다에게 다가가 정중하게 절하고 한 쪽에 앉았다. 그가 자리에 앉자, 붓다는 법을 설명해서 그를 기쁘게 하고 나서 그의 거처를 떠났다.

쭌다의 음식을 먹은 붓다는 몹시 아프고, 설사를 하고, 심한 고통을 느껴 거의 죽을 것 같았다. 그러나 사려 깊은 붓다는 그 고통을 참으며 태연한 척 했다.[7]

그 후, 붓다는 아난다 비구와 함께 꾸씨나라로 갔다.

붓다가 최후로 개종시킨 사람

그때 꾸씨나라에는 쑤밧다[8]라는 이름을 가진, 떠돌이 고행자가 살고 있었다. 그는 고행자 고따마가 다음 날 새벽 두 시부터 아침 여섯 시 사이에 열반에 들 것이라는 소식을 듣고, 붓다를 만나고자 했다. 그래서 그는 말라의 우빠밧따나 쌀라 숲으로 가서 붓다를 만날 수 있느냐고 아난다 비구에게 물었다.

"친구여, 붓다를 귀찮게 하지 마시오. 붓다는 지금 쇠약하십니다"라고 아난다 비구는 대답했다.

쑤밧다가 두 번 세 번 요청했으나, 아난다 비구는 똑같이 대답했다.

붓다는 그들의 대화를 듣고 아난다 비구를 불러서 이렇게 말했다.

"아니다. 아난다야. 쑤밧다를 들어오지 못하게 막지 말아라. 쑤밧다가 붓다를 볼 수 있게 해라. 쑤밧다가 내게 물으려는 것은 나를 괴롭히려는 것이 아니라 알려는 욕구 때문일 것이다. 내가 무엇을 대답하든지 그는 잘 이해할 것이다."

그렇게 허락을 받은 쑤밧다는 붓다에게 다가가서, 인사를 나누고는 다음과 같이 말했다.

"고따마여. 모임의 지도자이며, 종파의 지도자이며, 유명하고 잘 알려진 종교적 지도자이며, 대중에게 존경받는 지도자들인 고행자들과 사제들이 있습니다. 예를 들면, 뿌라나 깟싸빠, 막칼리 고쌀라, 아지따 께싸깜발리, 빠꾸다 깟짜야나, 싼자야 벨랏티뿟따, 니간타 나따뿟따 등입니다. 그들 자신이 주장하듯이, 그들 모두는 완전히 깨달았습니까, 아닙니까? 아니면, 그들 중의 일부는 깨닫고, 일부는 깨닫지 못했습니까?"

"그 문제는 잊어라, 쑤밧다여. 그들 전부가 깨달았는지, 일부가 깨달았는지에 관한 문제로 고민하지 말아라. 내가 그대에게 법을 가르쳐 주겠다. 잘 듣고 마음속에 기억해라. 이제 설명할 것이다."

"그렇게 하십시오"라고 쑤밧다가 대답했다.

붓다는 다음과 같이 말했다.

"여덟 가지 신성한 수행(八正道)을 하지 않는 체제에는 예류과도 없고, 일래과도 없고, 불환과도 없고, 아라한과[9]도 없다. 여덟 가지 신성한 수행을 하는 체제에는 예류과도 있고, 일래과도 있고, 불환과도 있고, 아라한과도 있다. 내가 가르치는 체제에는 여덟 가지 신성한 수행이 있다. 이 체제에는 예류과, 일래과, 불환과, 아라한과가 있다. 다른 체제에는 예류과, 일래과, 불환과, 아라한과가 없다. 쑤밧다여, 이 체제에서는 제자들이 올바르게 산다면, 아라한과에 도달할 것이다."

"내가 최선의 것을 찾기 위해 집을 떠났을 때 내 나이는 스물아홉 살이었다. 내가 비구가 된 지 이제 51년이 지났다. 이 실현 가능한 가르침을 부분적이라도 따라 수행하는 고행자들이 우리 교단 외에는 하나도 없다."

그러자, 쑤밧다는 신성한 법을 명확히 설명하는 붓다를 찬양하며, 불법승 삼보에 귀의하고, 사미계와 비구계를 받고 싶다고 했다.

붓다는 다음과 같이 말했다.

"쑤밧다여, 다른 종교의 가르침을 받던 사람들이 이 종교에서 사미계와 비구계를 받고자 한다면 누구든지 넉 달간의 행자시절을 거쳐야 한다. 넉 달 후에, 그 사람이 제자로 인정받을 수 있으면, 계를 받고 비구라는 지위를 갖는다. 그러나, 나는 재량에 따라 그대에게 예외를 적용하겠다."[10]

쑤밧다는 규칙에 따라 행자로 머무는 데 동의했지만, 붓다는 아난다 비구에게 요청해서 쑤밧다에게 계를 주게 했다.

붓다 앞에서, 쑤밧다는 사미계와 비구계를 받았고, 머지 않아 아라한과에 도달했다.

그는 붓다가 직접 개종시킨 마지막 사람이었다.

최후의 광경

붓다는 아난다 비구를 불러서 이렇게 말했다.

"아난다야, 너는 이렇게 말할 것이다. '스승은 가고, 가르침만 남았다. 우리에겐 스승이 없다'라고 말할 것이다. 그렇지 않다. 아난다야, 너는 그렇게 생각해서는 안 된다. 내가 가르친 가르침과 계율은 내가 이 세상에 없을 때 너의 스승이 될 것이다."

붓다는 제자들을 불러모으고 이렇게 말했다.

"제자들이여, 붓다와 붓다의 가르침과 승가와 수행에 대해서 의심이 있거나 혼란스런 점이 있는 제자가 있다면, 지금 내게 물어라. 나중에 가서, '우리는 스승과 얼굴을 맞대고 있었는데도 아무런 질문도 할 수가 없었다'고 생각하면서 후회하지 않도록 해라."

붓다가 그와 같이 말했을 때, 제자들은 침묵을 지켰다.

붓다가 두 번 세 번 같은 말을 했는데도 제자들은 침묵했다. 그러자, 붓다는 제자들에게 이렇게 말했다.

"아마 너희들이 스승을 존경해서 직접 질문하지 않는가 보구나. 그러면, 서로에게 말해라."

제자들은 여전히 아무 말도 안 했다.

그러자, 아난다 비구가 붓다에게 다음과 같이 말했다.

쉽게, 깊이 읽는 불교입문

"훌륭하십니다, 붓다여! 위대하십니다, 붓다여! 여기 모인 모든 제자들과 함께 저는 기뻐합니다. 붓다와 붓다의 가르침과 승가와 수행에 대해서 의심하거나 혼란스러워하는 제자는 단 한 사람도 없습니다."[11]

"아난다야, 너는 신심을 가지고 말하는구나. 지금 여기 모인 제자들 가운데는 붓다와 붓다의 가르침과 승가와 수행에 대해서 의심하거나 혼란스러워하는 제자들이 하나도 없다는 것을 나는 알고 있다. 이 500명의 제자들 가운데, 아난다는 마지막으로 예류과에 도달하고, 반드시 깨달음을 얻을 것이다."[12]

그 다음에, 붓다는 제자들에게 이렇게 말했다.

"보라, 제자들이여, 나는 그대들에게 이렇게 권고한다. 만들어진 것들은 모두 사라지기 마련이다. 열심히 노력해라."

이것이 붓다의 마지막 말이었다.

붓다의 최후 순간

붓다의 생애가 거의 끝나가고 있었다. 붓다는 마지막으로, 우빠밧따나 쌀라 숲에 있는 두 개의 쌀라나무 사이의 침상에서 쉬고 있었다. 제자들은 침묵 속에서 붓다를 에워싸고 있었다. 붓다는 초선[13]에 들어갔다.

붓다는 제2선, 제3선, 제4선[14]에 들어가기 위해서 초선의 상태에서 깨어났다.

제4선의 상태에서 깨어난 붓다는 '무한한 공간의 세계(空無邊處)'[15]에 들어갔다. 이 상태에서 깨어난 붓다는 '무한한 의식의 세계(識無邊處)'[16]로 들어갔다. 그 상태에서 깨어난 붓다는 '무의 세계(無所有處)'에 들어갔다. 그 상태에서 깨어난 붓다는 '지각이 있는 것도 아니고 지각이 없는 것도 아닌 상태(非想非非想)'에 들어갔다. 이 상태에서 깨어난 붓다는 '지각과 감각이 소멸한 상태(想受滅定)'에 들어갔다.

그 즉시, 붓다의 상태를 근심스럽게 지켜보던 아난다 비구는 붓다가 죽었다고 발표했다. 천안통(天眼通)으로 유명했던 아누룻다 비구는 지금 붓다가 '지각과 감각이 소멸한 상태(受想滅定)'에 들어갔다고 설명했다.

그때 붓다가 그 상태에서 깨어나서, 형태 있는 세계(色界)의 제2선과 제3선과 제4선에 들어갔다. 제4선에서 깨어나는 즉시 붓다는 세상을 완전히 떠났다.

그는 사람으로서 이 세상에 태어났다. 그는 훌륭한 사람으로서 이 세상을 살았다. 그는 붓다로서 이 세상을 떠났다.

쉽게, 깊이 읽는 불교입문

2부

불교의
근본진리

11 업(Kamma)

업이란 무엇인가?

'깜마(kamma)' 싼쓰끄리뜨로는 까르마(karma) 의 뜻은 '행동'
이다. 그러나 깜마의 보다 궁극적인 의미는 좋고 나쁜 '의지'를 뜻
한다.

붓다나 아라한의 행동을 제외하고 나머지 모든 중생의 의지적
인 행동을 깜마, 즉 업(業)이라고 부른다. 붓다나 아라한은 모든 번
뇌를 없앴기 때문에 새로운 업을 만들지 않는다.

달리 말하자면, 업은 도덕적 인과법이다. 그것은 윤리적인 영역
에서의 행동과 반응이다.

업은 과거의 행동만을 의미하는 것은 아니다. 업은 현재와 과
거의 행동일 수도 있다. 또한 업은 운명이 아니다. 즉, 업은 우리가
복종할 수밖에 없는 어떤 신비한 힘에 의해서 우리에게 부과된 운
명이 아니라 자신에게 반응하는 우리 자신의 행동이다. 그래서 우

리는 자신의 업이 흘러가는 방향을 바꿀 수 있는 것이다.

업은 행동이며, 결과는 그 행동이 가져오는 반응이다. 그것이 원인과 결과이다. 망고 씨앗이 업이고, 그 나무에서 생기는 망고 열매는 결과와 같다. 나뭇잎과 꽃들은 불가피한 결과들이다.

우리가 씨를 뿌린 대로, 우리는 이생에서든 내생에서든 추수를 한다. 그러니 오늘 우리가 추수하는 것은 우리가 과거나 전생에 뿌린 씨앗인 것이다.

업은 자연스런 법칙이다. 그러나 법칙을 만든 사람이 존재해야만 하는 것은 아니다. 중력의 법칙 등과 같은 자연법칙은 그 법칙을 만든 사람이 필요 없이 본래 존재하는 법칙이다. 업의 법칙도 그 법칙을 만든 사람을 필요로 하지 않는다. 그 법칙을 지배하는 외부의 독립적인 사람이 존재하지 않더라도 그 법칙은 저절로 작용한다.

업 안에는 그에 따른 결과를 만들어낼 가능성이 내재한다. 원인은 결과를 만들어낸다. 결과는 원인을 설명한다. 씨앗은 열매를 생산한다. 열매는 씨앗을 표현한다. 그 둘은 서로 관련되어 있다. 업과 결과도 서로 관련되어 있다. 결과는 이미 원인 속에서 꽃을 피고 있다.

좋은 업

열 가지의 좋은 업[1] 또는 선행(善行)이 있다.

① 보시 — 보시하면 부자가 된다.

② 도덕 — 도덕적인 생활을 하면 좋은 가문과 행복한 환경에서 태어난다.

③ 선정 — 선정을 닦으면 색계와 무색계에 태어나서 높은 지혜와 깨달음을 얻게 된다.

④ 공손 — 공손하면 좋은 가문에 태어나는 원인이 된다.

⑤ 봉사 — 봉사하면 많은 수행원들을 거느리게 된다.

⑥ 공덕 — 공덕을 쌓으면 내생에서 풍족한 생활을 한다.

⑦ 수의찬탄 — 남의 공덕을 함께 기뻐하면 어디에 태어나든 공덕을 쌓게 된다.

⑧ 법을 듣는 것 — 법을 들으면 지혜가 증진된다.

⑨ 법을 전파하는 것 — 법을 전파하면 지혜가 증진된다.

⑩ 자신의 견해를 똑바로 지키는 것 — 자신의 견해를 굳건히 지키면 자신감이 강해진다.

이상의 열 가지를 때로는 열두 가지로 나열하기도 한다. '수의찬탄'하는 것에 덧붙여 '남의 선행을 칭찬하는 것'을 열거하고, '자신의 견해를 똑바로 지키는 것'이라는 항목 대신에 '삼보에 귀의하는 것'과 '주의 깊게 깨어 있는 것'을 포함시킨다.

남의 선행을 칭찬하면 자신이 칭찬받게 된다. 삼보에 귀의하면 번뇌가 없어진다. 마음이 주의 깊으면 여러 가지 형태의 행복이 증가한다.

색계의 5선과 무색계의 4선도 각각 색계와 무색계에 관련된 좋은 업으로 간주된다.

나쁜 업

말이나 행위나 생각으로 인해 생기는 나쁜 업이 있다.

다음의 세 가지는 '행위'로 인해 생기는 악업이다. 바로 살생, 도둑질, 간음이다.

다음의 네 가지는 '말'로 인해 생기는 악업(Akusala Kamma)이다. 그것은 거짓말, 이간질, 가혹한 말, 경박한 말이다.

다음 세 가지는 '생각'으로 인해 생기는 악업이다. 즉, 탐욕, 악의, 잘못된 견해이다.

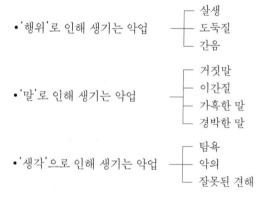

- '행위'로 인해 생기는 악업 ─┬─ 살생
                          ├─ 도둑질
                          └─ 간음

- '말'로 인해 생기는 악업 ─┬─ 거짓말
                        ├─ 이간질
                        ├─ 가혹한 말
                        └─ 경박한 말

- '생각'으로 인해 생기는 악업 ─┬─ 탐욕
                           ├─ 악의
                           └─ 잘못된 견해

쉽게, 깊이 읽는 불교입문

살생

살생(殺生)은 생물을 죽이는 것을 말한다. 생물이란 것은 어떤 존재에게 속한 정신적·육체적 생명을 뜻한다. 이 생명의 힘이 자연스런 과정을 거치게 두지 않고 급격하게 파괴시키는 것이 살생이다. 동물은 생물에 속하지만, 식물은 아니다.[2]

살생의 악업이 성립되려면 다음의 다섯 가지 조건을 갖춰야 한다.

① 생물

② 그 대상이 생물이란 것을 아는 의식

③ 죽이려는 의지

④ 죽이려는 노력

⑤ 죽음이라는 결과

살생의 악업이 가져오는 결과는 짧은 수명, 병에 시달림, 사랑하는 사람들과 끊임없이 헤어짐, 끊임없는 두려움 등이다.

도둑질

도둑질의 악업이 성립되려면 다음의 다섯 가지 조건이 필요하다.

① 다른 사람의 소유물

② 그 대상이 다른 사람의 것임을 아는 의식

③ 훔치려는 의도

④ 훔치려는 노력

⑤ 그 대상이 없어졌다는 결과

도둑질이라는 나쁜 업의 결과는 가난, 초라함, 욕구가 충족되지 않음, 남에게 빌어먹는 생활 등이다.

간음

간음의 악업이 성립되기 위한 조건은 다음과 같다.

① 금지된 대상을 즐기려는 마음

② 즐기려는 시도

③ 그 대상을 얻기 위한 방책

④ 그 대상을 소유함

간음이란 악업에서 오는 결과는 많은 적들이 생기며, 옳지 않은 아내를 얻으며, 여자나 중성으로 태어나는 것[3] 등이다.

거짓말

거짓말의 악업이 성립되려면 다음의 조건이 필요하다.

① 진실하지 못한 내용

② 속이려는 의도

③ 그 의도에 부응하는 노력

④ 다른 사람들에게 그 내용을 말로 전함

거짓말의 과보로 생기는 것은, 독설을 듣고 괴로워하고, 비방하는 소리를 듣고, 신뢰받지 못하며, 입에서 악취가 나는 것 등이다.

쉽게, 깊이 읽는 불교입문

이간질

이간질의 악업이 성립되기 위한 필요조건은 다음과 같다.

① 이간될 사람들

② 그 사람들을 떼어놓으려는 의도나 그중 한 사람으로부터 사랑을 받으려는 의도

③ 그것에 부응하는 노력

④ 이간질하는 대화

이간질한 과보는 충분한 이유도 없이 우정이 깨지는 것이다.

가혹한 말

가혹한 말을 성립시키는 필요조건은 다음과 같다.

① 욕설 받을 사람

② 화나는 생각

③ 욕설

가혹한 말을 한 과보로 오는 것은 죄가 없음에도 다른 사람들에게서 미움을 받으며, 가혹한 말을 듣는 것이다.

경박한 말

경박한 말의 악업을 성립시키는 필요조건은 아래와 같다.

① 경박한 말을 하는 경향

② 경박한 말을 함

경박한 말을 한 과보로, 신체기관의 결함이 생기거나 신뢰할 수

없는 말을 하게 된다.

탐욕

탐욕의 악업을 성립시키려면 다음 조건이 필요하다.

① 다른 사람의 재산

② 그 재산에 대해서 언급하면서 '이게 내 것이었으면'이라고
  말하는 것

탐욕의 특징은 '오, 이 재산은 내 것이다'라고 생각하는 것이다.
탐욕의 과보는 자신의 소망을 이루지 못하는 것이다.

악의

악의(惡意)를 성립시키기 위한 조건은 다음과 같다.

① 다른 생명체

② 해치려는 생각

악의의 과보는 얼굴이 못생기고, 병에 잘 걸리고, 미움받는 성
질을 타고나는 것이다.

잘못된 견해

잘못된 견해라는 악업이 성립되려면 다음의 조건이 필요하다.

① 대상을 바라보는 견해가 잘못된 것

② 그 잘못된 견해에 따라 그 대상을 이해하는 것

잘못된 견해는 사물을 그릇되게 생각하는 것이다. 행위의 인과

응보를 부정하는 것 등의 그릇된 믿음을 갖는 것도 이 악업에 속한다. 잘못된 견해라는 악업의 과보는 원초적인 집착, 지혜의 결여, 우둔한 정신, 만성병, 비난받을 만한 생각들을 하는 것이다.

업의 원인

사물을 실제 그대로[4] 알지 못하기 때문에 중생은 업을 만든다. 갈망을 근절시키고 사물을 실제 그대로 아는 사람은 업을 만들지 않는다. 무지와 갈망이 업의 주원인이다.

업을 만드는 사람

누가 업을 만드는 걸까? 누가 업의 과보를 받는 걸까?

붓다고샤는 《청정도론(淸淨道論, Visuddhi Magga)》에서 이렇게 말했다.

"행위를 하는 행위자도 없고, 과보를 받는 자도 없다"

궁극적인 의미에서, 불교에서는 불변하는 실체가 있다는 것을 상상할 수가 없다. 그것이 인간이든 동물이든 신의 형태이든. 그러한 모든 것은 업력이 일시적으로 표현된 것들에 불과하다. '중생(衆生, being)'[5]이라는 말은 관습적인 목적으로만 사용된다. 엄격히 말하자면, 우리가 '중생'이라고 부르는 것은 마음과 물질의 복합체에 불과하다.

행동과 별개인 행위자는 없으며, 지각과 별개인 지각자는 없으며, 의식과 상관없이 존재하는 의식의 주체는 없다고 불교도들은 믿는다.

'의지'가 업의 행위자이다. 엄밀히 말하면 이런 정신적 상태들과 별개로 원인을 심는 자도, 과보를 받는 자도 없다.

업이 어디에 있는가?

"업이 어디에 있습니까?"라고 밀린다 왕이 나가쎄나 스님에게 물었다.

"대왕이시여! 업은 덧없이 흐르는 이 의식이나 몸의 어딘가에 숨어 있는 것이 아닙니다. 업은 마음과 육체에 의지하고 있으며, 기회가 생기면 밖으로 나타납니다. 망고가 열매를 맺기 전에 망고나무의 어딘가에 숨어있던 것이 아니라, 망고가 열릴 계절이 되면 망고나무에 의존해서 망고가 생기는 것과 마찬가지입니다"라고 나가쎄나 스님은 대답했다.

바람이나 불이 보통 때 어딘가에 저장되어 있다가 나온 것이 아닌 것처럼, 업도 몸의 내부나 외부에 저장되어 있지 않다.

업은 한 존재로부터 다른 존재에게로 전해지는 개별적인 힘이다.

업의 종류

과보가 나타나는 시기에 따른 분류

이 생애 안에서 결과를 가져오는 도덕적 행동과 부도덕적 행동들이 있다. 그것들을 '현생에 과보를 받는 업(순현수업, 順現受業)'이라고 부른다. 만일 그것들이 이생 안에 과보를 가져오지 않는다면, 그것들은 무력하게 된다.

다음 생에 과보를 가져오는 행동들이 있다. 그것들을 '다음 생에 과보를 받는 업(차생수업, 次生受業)'이라고 부른다. 그것들도 다음 생에 과보를 가져오지 않으면 그 다음에는 무력하게 된다.

윤회하는 동안에 어느 생에서든 과보를 가져올 수 있는 행동들이 있다. 그것들을 '언제라도 과보를 받는 업(순후수업, 順後受業)'이라고 부른다.

이런 업들의 종류는 행동의 과보가 나타나는 '시기'에 따라 분류한 것이다.

업의 기능에 따른 분류

'기능'에 따라서 업을 네 종류로 나누기도 한다.

죽는 순간에 우세하게 남아 있던 과거의 좋은 업과 나쁜 업에 의해 다음 출생이 결정된다. 미래의 출생을 결정하는 업을 '생산하는 업'이라고 부른다.

이 '생산하는 업'의 활동을 돕거나 유지하기 위해서 또 다른 업이 끼여들지도 모른다. 이 업이 '생산하는 업'을 강화시키는 경향이 있는 것과 마찬가지로, '생산하는 업'의 과보를 약화시키거나 방해하는 경향이 있는 또 다른 행동이 끼여들지도 모른다. 그런 행동들을 각각 '지지하는 업'과 '방해하는 업'이라고 부른다.

업의 법칙에 따르면, '생산하는 업'의 잠재력은 그것을 저지하는 과거의 강력한 업에 의해서 무력화될 수 있다. 날아가는 화살을 방해하는 강한 힘이 화살이 가는 길을 막아 땅에 떨어뜨리는 것처럼, 업을 저지하는 힘은 기회를 노리고 있다가 갑자기 작용할 수도 있다. 그런 행동을 '파괴적인 업'이라고 부르는데, 그 업은 '생산하는 업'의 힘 전체를 막을 뿐만 아니라 파괴할 수도 있다는 의미에서 '지지하는 업'이나 '방해하는 업'보다 더 효과적이다.

업의 효과(강약)에 따른 분류

업의 효과가 우세한 정도에 따라 네 종류의 업으로 나누어진다.

첫째는 무겁거나 심각함을 의미하는 '중죄(重罪)'가 있다. 이 업은 이생이나 다음 생에서 반드시 그 과보를 받는다. 그 과보는 좋거나 나쁠 수 있는데, 좋은 경우라면 정신적으로만 과보를 받는 것으로서 정신혼미 같은 것이다. 나쁜 경우에는 신체나 말로 과보를 받는다.

'무거운 업(중죄)'에는 다음 다섯 가지가 있다.

① 어머니를 죽임

② 아버지를 죽임

쉽게, 깊이 읽는 불교입문

③ 아라한을 죽임

④ 붓다에게 상처를 입힘

⑤ 승가를 분열시킴

그릇된 견해에 매달리는 것도 무거운 업 중의 하나로 불린다.

'무거운 업'이 없는 경우에는, 죽는 순간 가까이 행해진 업이 작용할 수도 있다. 그것은 '죽기 직전에 만들어진 업'이다.

'습관적인 업'은 그 다음으로 영향력이 강하다. 이 업은 개인이 습관적으로 행하고, 기억하고, 매우 좋아한 까닭에 생긴 업이다.

네 번째는 '누적되는 업'이다. 이 업은 이상의 세 가지에 포함될 수 없는 모든 업을 망라한다. 이 업은 개별 중생의 적립금과 같다.

과보를 받는 장소에 따른 분류

마지막으로, 업의 과보가 생기는 장소에 따라서 분류하는 방법이 있다. 이는 다음의 네 가지이다.

① 욕계[6]에서 과보를 받을 수 있는 악업

② 욕계에서 과보를 받을 수 있는 선업

③ 색계에서 과보를 받을 수 있는 선업

④ 무색계에서 과보를 받을 수 있는 선업

모든 것이 업 때문인가?

불교에서는 인간의 업이 다르기 때문에 그토록 다양한 현상이 나타난다고 말하지만, 모든 것이 업 때문이라고는 주장하지 않는다.

만일 모든 것이 업 때문이라면, 어떤 사람의 업이 나쁘다면 그에게는 항상 나쁜 일만 생길 것이다. 또한 병을 고치기 위해서 의사와 상의할 필요도 없을 것이다. 병을 고칠 업을 갖고 있는 사람이라면 의사가 없어도 저절로 고쳐지고, 고칠 업을 갖지 못한 사람은 의사도 못 고칠 것이기 때문이다.

불교에 따르면 정신적·물리적 세계에서 작용하는 다섯 가지 과정 혹은 법칙(Niyāma)이 있다.

1. 계절(기후)의 법칙(Utu Niyāma)

물리적인 무생물의 법칙 예를 들면, 바람이나 비의 계절적 현상, 정확한 순서로 계절이 오는 것, 계절의 특징적인 변화와 계절마다 일어나는 일들, 바람과 비의 원인, 열의 성질 등이다.

2. 종자의 법칙(Bija Niyāma)

물리적인 생물의 법칙. 종자의 법칙. 예를 들면, 볍씨에서 벼가 나오는 것, 사탕수수나 꿀에서 단맛이 나는 것, 어떤 과일의 특정한 성질 등이다. 세포와 유전자에 관한 과학적인 이론이나 쌍둥이들의 신체적 유사성도 이 법칙 때문일 것이다.

3. 업의 법칙(Kamma Niyāma)

행동과 그에 따른 결과의 법칙. 예를 들면, 좋은 행동과 나쁜 행동은 그에 상응하는 좋은 결과와 나쁜 결과를 가져온다. 물이 수평이 되려고 하듯이, 업도 기회만 주어지면 그것의 필연적인 과보를 만들어낸다. 상이나 벌로서가 아니라 본질적인 인과관계로 만들어내는 것이다. 행동과 결과의 이 인과적 과정은 해와 달의 행로처럼 자연스럽고 필수적인 것이다.

4. 법의 법칙(Dhamma Niyāma)

규범의 법칙. 예를 들면, 붓다가 되어 열반하기 전의 마지막 생애에는 보살로 태어나는 자연스런 현상, 중력법칙과 같은 자연의 법칙들, 착한 사람이 되어야 하는 이유 등도 여기에 속한다.

5. 의식의 법칙(Citta Niyāma)

마음이나 정신의 법칙. 예를 들면, 의식의 진행과정, 의식이 일어나고 사라지는 것, 의식의 구성요소들, 마음의 힘 등이다. 정신감응(텔레파시), 정신의 원격조정, 과거의 사건을 텔레파시로 느끼는 것, 예감, 투시력, 초인적인 청력, 생각을 읽는 것 등 현대과학으로 설명할 수 없는 정신적 현상들은 모두 이 종류에 속한다.

* * *

모든 정신적 현상이나 물리적 현상들은 이상의 다섯 가지 과정

혹은 법칙으로 설명될 수 있다.

이 중에서 불교도에게 위안, 희망, 자신감, 도덕적 용기를 주는 것은 바로 '업'의 원리이다. 또한 업에 대한 믿음은 개인의 책임감을 가르치기 때문에, 사람들은 확실히 더 노력하고 열정을 갖게 된다.

그러나 무엇보다도 업의 법칙은 고통의 문제와 운명, 즉 다른 종교에서 말하는 '운명예정설'의 비밀을 벗겨주며, 아울러 '인간의 평등함'을 설명한다.

12 환생

업은 반드시 환생으로 이끌어간다. 과거의 업은 현재의 출생을 결정하고, 현재의 업은 과거의 업과 결합하여 미래를 결정한다. 현재는 과거의 자식이며, 미래의 부모가 될 것이다.

현재는 증명할 필요가 없다. 과거는 기억과 기록에 근거를 둔 것이고, 미래는 계획과 추리에 근거를 둔 것이다.

전생을 믿는 이유

환생을 증명하는 가장 위대한 인물은 붓다이다.

"순수하고, 초자연적인 투시력을 가진 나는 중생들이 한 존재의 상태에서 사라지고 다른 존재의 상태로 다시 태어나는 것을 보았다. 그들의 업에 따라서 천민과 귀족, 아름다운 사람과 못생긴 사람, 행복한 사람과 고통스런 사람으로 태어나고 죽는 것을 나는 보았다"라고 붓다는 말했다.

붓다가 제자들을 속이려고 거짓을 말했을 이유가 없다.

그의 가르침을 따르는 제자들도 텔레파시로 과거를 아는 지혜를 계발하고, 그들의 전생을 읽을 수가 있었다.

이 같은 초자연적인 현상을 보는 능력은 붓다나 그의 제자들만 발달시킬 수 있는 것은 아니다. 불교도든 아니든, 누구나 이 능력을 가질 수 있다. 붓다가 세상에 출현하기 이전에도 인도의 성자들은 천안통(天眼通), 천이통(天耳通), 독심술(讀心術) 등을 계발했다.

연상법칙에 따라서 자신의 전생에 대한 기억을 저절로 발전시키고, 현생의 과거 속에 묻혔던 사소한 일들을 기억하는 사람들도 있다. 잘 증명된 예가 미얀마, 인도, 독일, 영국 등에서 보고되었다.

믿을 만한 현대 심령학자들의 특별한 경험이나 다중인격자의 이상한 현상들도 환생에 대한 믿음을 지지해 준다. 이차적인 인격이 나타나는 현상은 전생에서 개인적으로 경험했던 것의 잔재이거나 다른 영혼에 의해 '점령되었다'는 것을 설명한다. 전자의 설명이 더 합리적이지만, 후자의 경우도 완전히 무시할 수는 없다.

최면에 빠진 상태에서는 전생에서의 경험들을 말할 수 있다. 미국의 애드거 케이시의 경우처럼, 어떤 사람들은 남들의 전생에 대해서 읽을 수 있을 뿐만 아니라 병도 고칠 수 있다.

때때로 우리는 환생이라고 설명할 수밖에 없는 이상한 경험을 하게 된다. 처음 만났는데도 왠지 익숙하게 느껴지는 사람들을 우리는 얼마나 자주 만나는가? 처음 가보는 장소인데도 왠지 아주 친숙하게 느껴지는 경우는 또 얼마나 많은가?

쉽게, 깊이 읽는 불교입문

이 세상에는 붓다와 같이 최고로 완성된 인격을 가진 완전한 존재들이 이따금 출현한다. 그러나 그들이 갑자기 진화한 것일까? 아니면 그들이 어떤 유일한 존재의 산물이라도 된다는 말인가?

공자나 파미니, 호머, 플라톤과 같은 훌륭한 인물들과 깔리다싸, 셰익스피어와 같은 천재들, 라마누잔, 파스칼, 모차르트, 베토벤, 라파엘 등과 같은 신동들, 그리고 현생에서 전혀 배우지도 않은 언어들을 구사하는 어린이들에 대해서 어떻게 설명해야 할 것인가?

단지 그것을 유전이라고만 설명할 수 있을까? 그렇다면, 그들의 조상들도 그런 재질을 나타냈을 것이고, 그들의 후손들은 그들보다 더 훌륭한 재질을 보였을 것이다.

그들이 전생에 그러한 신성한 삶을 살지 않고, 그와 비슷한 경험들을 하지 않았다면 그런 높은 위치에 오를 수 있었을까? 그들이 특별한 부모 밑에 태어나서 좋은 환경에 놓였다는 이유만으로 그렇게 훌륭하게 될 수 있었을까?

이 수수께끼 같은 유전의 이론은 업과 환생의 이론으로 보충하지 않고는 적절한 설명을 할 수가 없을 것이다.

그뿐인가? 현생의 지극히 짧은 생애가 천국과 지옥이라는 두 영원 사이에 존재하는 유일한 생애라고 믿는 것이 과연 합리적일까?

우리는 기껏해야 100년이라는 짧은 시간을 이 세상에서 보내도록 부여받았다. 그러나 그 시간은 영원한 천국이나 지옥으로 가기 위한 준비기간으로는 너무도 부적절하다.

만일 우리가 현재와 미래를 믿는다면, 과거도 믿는 것이 응당 합리적이다.[1] 또 우리가 과거에 존재했었다는 것을 믿을 이유가 있다면, 이생이 끝난 다음에 우리가 계속해서 존재한다는 것도 믿지 않을 이유가 없다.

"이 세상에서 도덕적인 사람들이 불행하고, 사악한 사람들은 잘사는 경우를 종종 보게 되는 것"은 역설적으로 전생과 미래 생이 있음을 증명하는 것이다.

윤회의 원인

윤회

간단히 말해서, 무지(無知)[2]에 뿌리를 두고 있는 업은 출생과 죽음의 원인이다. 이 업의 힘(業力)이 살아 있는 한, 윤회가 있다. 이생성 과정을 전체적으로 설명하는 것이 연기법이다.

연기법은 출생과 죽음의 과정인 윤회[3]에서만 논의되는 것이지, 원초적인 물질로부터 세계가 진화되어 온 것을 설명하는 이론이 아니다. 연기법은 출생과 고통의 원인을 다루지만, 삶의 절대적인 근원을 보여주려고 시도하지는 않는다.

네 가지 신성한 진리(四聖諦)에 대한 무지가 윤회의 첫째 원인이다. 무지는 올바른 이해를 가로막는다. 무지에 의존해서 의지가 생긴다. 무지에 뿌리를 둔, 도덕적이거나 부도덕적인 행위들 때문에

쉽게, 깊이 읽는 불교입문

윤회에서 계속 방황하게 된다. 그러나 좋은 행동들은 삶의 바다에 떠도는 악(惡)들을 제거하기 위해 필수적인 것이다.

의지적인 행동에 의존해서 '다시 연결하는 의식'이 생긴다. 이 의식이 과거와 현재를 연결한다. '다시 연결하는 의식'이 생기는 것과 동시에, 마음과 육체가 생긴다.

마음과 육체는 여섯 감각기관들을 생기게 한다. 여섯 감각기관들 때문에 접촉이 시작된다. 접촉은 느낌으로 이끈다. 느낌에 의거해서 갈망이 생긴다. 갈망은 집착을 만든다. 집착은 업을 결정하고, 업은 미래의 출생을 결정한다. 출생은 필연적으로 늙음과 죽음이라는 결과를 가져온다.

원인 때문에 결과가 생겨난다면, 원인이 중지되면 결과도 중지되어야만 한다. 무지가 완전히 중지되면, 출생과 죽음도 중지하게 된다.

이러한 원인과 결과의 과정은 계속되며 무한하다. 이 과정이 언제 시작되었는지를 말할 수는 없다. 윤회의 세계가 언제부터 무지로 둘러싸였는지를 말할 수가 없기 때문이다. 그러나 이 무지가 지혜로 바뀌고, 윤회의 세계가 불국토로 바뀔 때 윤회가 끝난다.

출생과 죽음의 형태

죽음은 다음 네 가지 원인으로부터 온다고 불교에서는 설명한다.

1. 출생하게 하는 '생산하는 업'의 힘이 소진될 때 죽음이 온다.

대체로 이 생애 동안에 아주 강렬했던 욕망이나 사고, 의지 등이 죽음의 순간에 우세해져서 다음 생을 결정한다고 불교도들은 믿는다. 죽기 전에 마지막으로 생각하는 순간 속에 특별한 잠재력이 있다. 이 '생산하는 업'의 잠재력이 소진될 때는, 아직 늙지 않았더라도 육체화된 생명력이 정지한다.

2. 수명이 끝날 때 죽음이 온다.

늙은 나이에 따른 자연스런 죽음이라고 흔히들 생각하는 것이 이 범주에 속할 것이다.

불교에 의하면, 다양한 차원의 중생이 있다. 각 차원에는 일정한 수명이 자연적으로 정해져 있다. 업력의 유효기간과 관계없이 중생은 최고 수명에 달하면 죽어야 한다. 업력이 극히 강력한 경우에는, 신들이 자신의 모습을 마음대로 변화시키듯이 업력도 자신을 다른 형태로 변화시켜서 전과 동일한 세계나 더 높은 세계에 나타낸다.

3. '생산하는 업'의 기운이 소진되는 것과 '수명이 다하는 것'이 동시에 일어날 때 죽음이 온다.

4. 수명이 다 끝나기 전에 '생산하는 업'의 힘을 갑자기 단절시키는 더 강력한 업의 행동이 나타날 때 죽음이 온다.

　　　　　　　　　　　　　　쉽게, 깊이 읽는 불교입문

처음 세 종류의 죽음을 '적시의 죽음'이라고 부르고, 네 번째 것을 '불시의 죽음'이라고 부른다.

예를 들어, 기름등잔은 네 가지 원인들 중의 한 가지 때문에 꺼진다. 심지가 다 닳거나, 기름이 다 닳거나, 심지와 기름이 모두 닳거나, 예외적으로 심한 바람이 불어 꺼지는 경우이다. 사람이 죽는 원인도 위에서 말한 네 가지 경우와 비슷할 것이다.

네 가지 형태의 출생

출생에는 네 가지 형태가 있다.

① 알로 태어나는 것

　새, 뱀 등이 여기에 속한다.

② 자궁에서 태어나는 것

　인간, 땅에 기반을 둔 신의 일부, 포유동물 등이 이 형태에 속한다.

③ 습기에서 태어나는 것

　습기를 먹고 자라는 곤충 등이 포함된다.

④ 저절로 태어나는 것

　그들은 일반적으로 육안으로는 보이지 않는다. 과거의 업에 의해 결정되어 부모도 없이 갑자기 생겨난다. 브라마들, 천국의 신들, 아귀들, 괴로움 속에서 고통과 고난을 받아야 하는 지옥 중생들이 이 유형에 속한다.

중생계에는 서른한 가지의 세계가 있다.

① 네 가지의 불행한 상태들

- 지옥 일시적이며 영원하지 않는 괴로운 상태들

- 짐승 짐승 세계

- 아귀 배고픈 귀신들의 세계

- 아수라 반신(半神)인 아수라 악마들의 세계

② 스물일곱 가지의 행복한 세계

- 인간 세계

- 욕계의 6천(天)

- 색계의 16천

- 무색계의 4천

출생은 어떻게 이루어지는가?

죽어가고 있는 사람에게는 업이 나타나 보인다. 여기서 업이 뜻하는 것은 선하거나 악한 그의 행동이다. 그것은 칭찬할 만한 것일 수도 있으나 비난받을 중죄일 수도 있다. 그런 업들은 매우 강력해서 다른 행동들을 모두 가리고, 눈앞에 선명하게 나타난다. 그가 중죄를 저지른 경험이 없다면, 그가 죽을 때 생각한 대상을 죽음 직전의 업으로 간주할 수도 있다.

죽음 직전의 업이 없는 경우에는, 예를 들어 도둑이 도둑질하는 것이나 의사가 환자를 치료하는 것 등과 같은 가치 있거나 가치 없는 습관적인 업이 나타난다. 이 모든 업이 없는 경우에는, 무한한 전생에 쌓아 저장한 것 중의 어떤 우연한 업이 죽을 때 생각하는 대상이 된다.

업상(業相, kamma nimitta)은 업을 행하는 순간에 획득된 광경이나 소리, 냄새, 맛, 감각, 개념 등이다. 예를 들어 도살자라면 칼, 의사라면 환자, 종교신자라면 예배의 대상 등이다.

취상(趣相, gati nimitta)은 죽어가고 있는 생물이 새로 태어나도록 예정된 장소의 상징을 뜻한다. 미래의 출생에 대한 이런 암시들이 일어날 때, 만일 그것들이 나쁘다면 좋게 바꿀 수도 있다. 죽기 직전인 사람에게 좋은 생각을 하게 만들어서, 그 좋은 생각이 '죽기 직전의 업'으로 작용함으로써 '생산하는 업'의 영향에 대응할 수 있다. 그렇게 하지 않는다면 그 사람의 다음 생을 선택하는 데 있어서 생산하는 업만이 영향을 미칠 것이다.

다음 출생 목표지들의 상징은 지옥 같은 불길이나 숲, 산악지대, 모친의 자궁, 천당 등일 수 있다.

위에 열거한 것들 중 하나를 죽는 순간에 생각의 대상으로 삼아서, 죽음이 임박해도 생각의 과정은 계속된다. 갑자기 죽은 경우도 마찬가지다. 망치에 맞아 으깨어진 파리도 완전히 죽기 직전까지는 그와 같은 생각의 과정을 거친다고 한다.

죽음이란 것은 개별적 존재의 정신적·신체적 생명이 정지한다는 뜻이다. 활력과 열, 의식이 사라지기 때문에 죽음이 일어난다.

서양철학의 용어에서 죽음이란 '일시적 현상의 일시적 종말'을 의미한다. 그것은 생물이라는 것의 완전한 소멸이 아니다. 왜냐하면 유기체적 생명은 끝나더라도, 지금까지 그 생물을 활동시켰던 힘은 파괴되지 않기 때문이다.

눈에 보이지 않는 전기 에너지가 밖으로 보이게 된 것이 전깃불이듯이, 보이지 않는 업의 에너지가 밖으로 표현된 것이 우리들이다. 전구는 깨질 수도 있고, 전깃불이 꺼질 수도 있지만, 전기의 흐름은 계속 남아 있어서 다른 전구를 통해서 전깃불을 다시 비추게할 수 있다. 다음 생에 계속될 다른 의식을 태어나게 하기 위해서 죽음의 순간에 의식은 소멸하는 것이다. 이 새로 만들어진 생명의흐름은 과거의 모든 경험들을 물려받는다.

이 새로운 존재는 이전에 다른 구성요소를 갖고 있던 과거의 존재와 아주 동일하지도 않고 전혀 다르지도 않지만, 동일한 업력의흐름을 갖고 있는 존재이다.

나비가 생겨나는 과정을 예로 들어보자. 처음에는 알이었다가, 유충으로 변하고, 그 다음에는 번데기로 발전하며, 마지막에는 나비로 변한다. 이 과정은 한 생애에서 일어난다. 나비는 번데기와동일한 것도 아니고 전혀 다른 것도 아니다. 여기에도 역시 생명의 흐름 내지는 연속성이 있다.

흐름의 이동도 역시 즉각적이다. 중간의 상태가 없다. 불교도들은 죽은 자의 영혼이 새로 태어날 적당한 장소를 발견할 때까지

어떤 장소에 머문다는 것을 믿지 않는다.

환생이 즉시 일어난다는 사실은 천국에 태어나든, 지옥에 태어나든, 짐승으로 태어나든, 인간으로 태어나든 마찬가지이다.

무엇이 환생하는 것인가?

무아

불교에 의하면, 중생이라는 것을 구성하고 있는 마음이나 육체와 별도로, 중생이 불가사의한 존재나 힘으로부터 신비롭게 부여받은 것이나 불멸의 영혼 같은 것은 없다.

불교의 환생론은 영혼이 천국으로 이주한다는 이론과는 구별되어야 한다. 불교는 영원하거나 불멸하는 영혼의 존재를 부정하기 때문이다.

궁극적인 의미에서 불교도는 신이나 인간, 동물의 형태로서 불변하는 영혼을 생각할 수 없다. 이 형태들은 업력이 일시적으로 표현된 것일 뿐이다. '중생'이란 것은 관습적으로 사용되는 개념일 뿐이다.

영혼이라는 형태로 이생에서 다음 생으로 옮겨가는 것이 아무것도 없다면, 도대체 환생하는 것은 무엇일까?

이 문제에 답하려면, 태어날 무엇이 있다는 것을 인정해야 한다. 과거에는 '나는 생각한다. 그러므로 나는 존재한다(Cogito, ergo sum)'라고 주장했다. 그것은 사실이지만, 그보다 먼저 증명되어야 할 것은 생각할 '나'가 존재한다는 전제이다.

생각할 '나'는 없다고 '나'는 말한다. 이 '나'는 모순된 말을 동시에 하고 있다. 그렇다. 우리는 관습적인 용어들을 피할 수 없다는 것을 인정해야 한다.

과학자들이 증명한 사실에도 불구하고 우리는 해가 동쪽에서 떠서 서쪽으로 진다고 말한다. 우리는 같은 곳을 두 번 두드릴 수 있다고 여기지만, 사실 그것은 불가능한 것이다. 모든 것은 순식간에 변한다. 공간까지도 다음 순간에 변한다.

불교에 의하면, 중생이라는 것은 마음과 육체로 이루어졌다. 육체는 힘과 성질들이 표현된 것일 뿐이다.

고대 인도의 현자들도 극미(極微) 원자를 믿었다. 붓다는 극미 원자를 분석하고 나서, 그것이 물질의 근본 단위인 상호연관된 힘이 표현된 것일 뿐이라고 주장했다. 이 물질의 근본 단위들이 '지수화풍'이다. '지(地)'는 물질의 토대인 연장의 요소를 뜻한다. '수(水)'는 응집력의 요소이다. '화(化)'는 열의 요소이다. '풍(風)'은 움직임의 요소이다.

물질의 네 가지 근본 요소들은 색, 냄새, 맛, 영양소라는 네 가지의 파생물과 반드시 결합되어 있다.

네 요소와 파생물들은 불가분하며, 상호 관련되어 있지만, 한 요소가 다른 것보다 우세할 수 있다. 예를 들어, 연장의 요소가 '지' 속에 우세하고, 응집력의 요소가 '수' 속에, 열의 요소가 '화' 속에, 움직임의 요소가 '풍' 속에 우세하다.

쉽게, 깊이 읽는 불교입문

인간의 조직 중에 가장 중요한 부분인 마음 또한 스쳐 지나가는 정신적 상태들의 복합체이다. 52가지의 그런 정신적 상태들이 있다. 하나는 감각이고, 또 하나는 지각이다. 나머지 50가지의 정신적 상태들을 총괄해서 의지적 활동이라고 부른다. 이 비물질적인 상태들이 의식 안에서 일어난다.

그와 같이 중생이란 것은 오온[4]의 복합체이다. 오온은 육체, 감각, 지각, 의지적 활동, 의식인데, 그것들은 끊임없이 흐르고 있는 것이다.

중생의 개별성은 이 오온이 결합한 것이다. 그런 중생 안에 머무는 영원한 영혼이란 것은 없다.

태어날 영혼도 없이
환생이 어떻게 가능한가?

출생은 단지 오온이 생겨나는 것이며, 환생은 오온이 되풀이해서 생겨나는 것이다. 어떤 물리적 상태가 생기는 것이 그 이전의 상태를 원인으로 해서 결정되는 것처럼, 마음과 정신으로 된 생명체가 태어나는 것도 출생 이전의 원인에 의해서 결정된다. 한 순간에서 다음 순간으로 옮겨가는 영원한 실체가 없더라도 한 생애가 계속될 수 있는 것처럼, 한 생애로부터 다른 생애로 이주하는 실체가 없어도 여러 생애가 계속될 수 있다.

쉽게 말하면, 한 생애에서 다른 생애로 이주하는 실체가 없이도

다른 몸에게 업력을 옮기면서 몸은 죽는다. 미래에 어떤 존재가 될 것인지는 현재의 업이 결정할 것이다. 새로운 존재는 그전의 존재와 완전히 동일하지도 않고 전혀 다른 것도 아니다. 동일하지 않은 이유는 오온의 복합체가 다르기 때문이며, 다르지 않은 이유는 그전과 동일한 업력이 흐르기 때문이다. 따라서 특정한 생명의 흐름이 여러 생애에 걸쳐 계속되는 것이다. 단지 그것뿐이다.

13 네 가지 신성한 진리

진리는 진실한 것이다. 이것은 논쟁의 여지가 없는 사실이다. 불교에 의하면, 네 가지의 진리가 있다. 모두가 인간과 관계된 것들이다.

"감각과 지각이 있는 인간의 육체를 가진 나는 세상과, 세상의 근원과, 세상의 소멸과, 세상을 소멸시키도록 이끄는 길을 선언한다"라고 붓다는 로히땃싸 쑷따(rohitassa sutta)에서 말했다. 이 흥미 있는 인용문이 가리키는 것은 붓다가 발견한 네 가지의 신성한 진리들이다. 붓다들이 이 세상에 나타나든 안 나타나든 상관없이 그 진리들은 존재하지만, 무지한 세상에 그 진리들을 드러내는 사람이 붓다이다.

번뇌에서 완전히 벗어나서 중생들을 번뇌 없는 신성한 상태로 이끄는 가장 신성한 사람이 그 진리들을 발견했기 때문에 신성한 진리라고 부른다.

첫째 진리는 고통(둑카, dukkha)에 관한 것이다. '둑카'를 고통이라고 번역하는 것이 꼭 맞는 말은 아니다. 느낌으로서의 둑카는 '참기 어려운 것'을 뜻한다. 여기서는 둑카를 '비참한 공성(空性)'이라는 뜻으로 썼다. 세상은 고통에 바탕을 두고 있다. 따라서 그것은 비참하다. 세상은 아무런 실체도 갖고 있지 않다. 그러므로 그것은 공(空)하다.

평범한 사람들은 표면만을 보는 사람들이다. 신성한 사람은 사물을 실제 그대로 본다. 실제를 보는 사람에게는, 환상적인 즐거움으로 사람들을 기만하는 이 슬픈 세상에는 진정한 행복이 없다. 우리가 행복이라고 부르는 것은 어떤 욕망을 만족시키는 것에 불과하다. '원하는 것을 얻는 즉시, 다시 불만이 시작된다.' 욕망은 만족할 줄 모른다.

모든 생물은 태어났다가 늙고, 병들고, 죽기 마련이다. 소망을 방해받는 것 또한 고통이다. 우리는 좋아하지 않는 사람이나 사물들을 만나는 것을 원치 않으며, 가장 좋아하는 사람이나 사물과 헤어지는 것도 원치 않는다. 그러나 우리의 소망이 언제나 이루어지는 것은 아니다. 우리가 가장 덜 기대하거나 덜 원하는 것을 억지로 떠맡을 때가 종종 있다. 그런 불쾌한 상황이 때로는 너무나 참기 어렵고 고통스럽기 때문에 나약하고 무지한 사람들을 자살로 몰고 간다.

간단히 말해서, 이 몸 자체가 고통의 원인이다. 불교는 이 고통을 중심축으로 하고 있다. 그렇다고 해서 불교가 염세적인 것은 아니다. 불교는 완전한 비관주의도 아니고, 완전한 낙관주의도 아

쉽게, 깊이 읽는 불교입문

니다. 반대로, 불교는 그 둘 사이의 중도에 놓인 진리를 가리킨다. 고통에 관한 진리를 강조하면서, 붓다는 이 고통을 제거하고 최상의 행복을 얻을 방법을 제시한다.

이 고통의 원인은 두 번째 신성한 진리인 갈망이다.

《법구경》에는, "갈망에서 슬픔이 나오고, 갈망에서 두려움이 나온다. 갈망에서 완전히 벗어난 사람에겐 슬픔이 없는데 두려움이 어디 있겠는가?"라는 말이 나온다.

갈망과 집착이 있으면 고통이 있다. 갈망에는 세 종류가 있다. 첫째는 가장 거친 형태의 갈망으로, 모든 감각적인 즐거움에 집착하는 것이다. 둘째는 영원주의와 연관된 즐거움에 집착하는 것이며, 셋째는 허무주의와 연관된 즐거움에 집착하는 것이다.

이러한 갈망은 너무나 강력하기 때문에, 갈망에 이끌리지 않기 위해서는 그만큼 강한 힘을 지닌 팔정도(八正道)를 실행해야 한다.

가장 거친 형태의 갈망이 약해지는 것은 일래과의 경지에 도달한 때이며, 근절되는 것은 불환과의 경지에 도달한 때이다. 미묘한 형태의 갈망이 근절되는 것은 아라한과의 경지에 도달한 때이다.

세 번째 신성한 진리는 고통이 완전히 소멸되는 것이며, 그것이 최상의 기쁨인 닙바나(涅槃)이다. 모든 형태의 갈망이 완전히 근절되어야만 그것을 얻을 수 있다.

네 번째 신성한 진리는 고통을 소멸시키도록 이끄는 길이다. 그것이 붓다의 신성한 여덟 길(八正道)이다.

처음의 두 진리들은 세속적이고, 나중의 두 진리들은 세속을 초월한 것이다.

처음의 세 진리들은 불교의 철학을 다루고, 네 번째 진리는 그 철학에 따른 수행을 다룬다.

불교는 보통의 철학도 아니고, 보통의 윤리규범도 아니다. 불교는 개인의 경험을 통해 검증할 수 있는 사실들을 기초로 해서 세워진 도덕적이고 철학적인 가르침이다.

엄격히 말해서, 불교는 종교라고 불릴 수도 없다. 불교는 초자연적인 신의 존재를 강조하는 신앙체계가 아니기 때문이다. 만일 종교라는 것이 옳고 그름을 구별하고, 사람들에게 올바른 행동을 하도록 인도하는 가르침을 의미한다면, 불교는 종교 중에 최고의 종교이다.

14 열반(nibbāna)

열반은 불교의 최고 선이다.

열반의 정의

빠알리로 닙바나(nibbāna) 싼쓰끄리뜨로는 니르바나(nirvāna)
는 'ni'와 'vāna'로 이루어져있다. 'ni'는 부정을 뜻하는 조사이고,
'vāna'는 갈망을 뜻한다. 중생을 이생에서 다음 생으로 연결시키
는 끈의 역할을 하는 것이 이 갈망이다.

탐욕(vāna)이라고 불리는 갈망으로부터 이탈(ni)한 것을 닙바나
라고 부른다.

중생이 갈망에 묶여있는 한, 삶과 죽음의 영원한 순환(윤회) 속
에서 한 형태나 다른 형태로 태어나야 할 업력을 만든다. 모든 형
태의 갈망이 근절될 때, 업력이 활동을 멈추고, 중생은 삶과 죽음
의 순환에서 탈출해서 열반을 얻는다. 죄와 지옥으로부터만 탈출

하는 것이 아니라, 삶과 죽음의 영원한 순환으로부터 탈출한다는 것이 불교의 해탈이라는 개념이다.

탐욕, 미움, 어리석음의 불길이 꺼지는 것을 열반이라고 설명하기도 한다.

열반은 무(無)인가?

다섯 가지 감각으로 느낄 수 없다는 이유만으로 열반을 무(無)라고 말하는 것은 장님이 불빛을 볼 수 없기 때문에 불빛이 존재하지 않는다고 말하는 것처럼 비합리적이다. 물 속만을 아는 물고기가 거북이와 논쟁을 벌였는데, 거북이가 육지를 증명할 수 있는 대답을 하나도 하지 못했기 때문에 물고기는 육지가 존재하지 않는다고 의기양양하게 결론을 내렸다는 유명한 이야기가 있다. 거북이는 육지와 바다를 모두 알고 있었지만 육지의 실제적인 성질을 물고기에게 설명할 수가 없었다. 물고기의 경우에는 바다만을 알고 있었기 때문에 육지가 어떤 것인지 상상할 수가 없었다. 이와 마찬가지로, 세속과 초세간을 모두 알고 있는 아라한들도 초세간이 무엇인지를 세간의 언어로 정확히 정의를 내릴 수가 없고, 세간의 사람들은 세속적인 지식만으로는 초세간을 이해할 수 없다. 초세간의 상태는 자신의 직관적인 지식에 의해 깨달아진다.

열반이 아닌 상태에 대해서는 분명히 말할 수 있지만, 열반이 정확히 무엇인지를 세간적인 용어로 정확히 설명할 수는 없다. 열반은 자기 스스로 깨달아야 하는 것이다.

열반의 세계

이 세상에는 두 종류가 있다. 죽음 이전에 경험하는 열반과 죽음
이후의 열반에 각각 다른 이름을 붙인다.

이 세상에서도 열반을 얻을 수 있다. 불교에서는 이 세상을 초
월한 세계에서만 궁극적인 목표에 도달할 수 있다고 말하지 않는
다. 육체가 아직 남아 있는 상태로 이 세상에서 열반을 깨달으면
'육신이 남아 있는 열반 세계(有餘涅槃界)'라고 부른다. 아라한이
육체적 존재를 남기지 않고 사라진 후 완전열반을 얻을 때는 '육
체가 남지 않은 열반 세계(無餘涅槃界)'라고 부른다.

열반의 세 가지 특성들

붓다는 열반과 윤회를 대조하면서, 열반은 영원하고, 바람직하
며, 행복하다고 말했다. 불교에 의하면, 우주의 모든 것은 두 가지
로 분류된다. 즉, 원인들에 의해 결정되는 것들과 원인에 의해서
결정되지 않는 것이다.

열반은 어떤 원인의 결정도 받지 않는다. 따라서 생기는 것도
없고 사라지는 것도 없다. 출생도 없고, 늙음도 없고, 죽음도 없다.
열반은 원인도 아니고 결과도 아니다.

이 세상의 모든 것은 조건 지어진 사물들에 속한다. 조건 지어진 사물들은 연속된 두 순간에 동일한 것으로 남아 있지 않고 항상 변한다.

원인으로부터 나온 모든 것은 반드시 사라지게 되어 있으며, 바람직하지 못한 것이다.

일시적이고 바람직하지 못한 것은 분명히 행복할 수가 없다. 조건 지어지지 않은 열반은 원인으로부터 생겨나는 것이 아니기 때문에, 현상적인 것들과는 반대로 영원하고, 바람직하고, 행복하다.

열반의 행복은 평범한 행복과 구별되어야 한다. 열반의 기쁨은 번뇌를 없앤 결과로 생기는 것이다. 반면 세속적인 행복은 어떤 욕망을 만족시킨 결과로 오는 것이다.

붓다는 쉬운 말로 열반을 최상의 기쁨이라고 말했다.

그것은 감각으로 경험하는 종류의 행복이 아니기 때문에 최상의 기쁨이다. 그것은 완전한 기쁨에 찬 해탈의 상태이다.

흔히들 고통이 소멸되었다는 사실 자체를 행복이라고 부르는데, 그것 역시 행복의 진정한 본질을 설명하기에는 적합한 말이 아니다.

열반은 어디에 있는가?

"불이 특정한 장소에 저장되어 있지 않지만, 필요한 조건들이 구비되면 불이 발생하는 것처럼, 열반도 특정한 장소에 존재한다

쉽게, 깊이 읽는 불교입문

고 하지 않지만, 필요한 조건이 충족되면 열반을 얻게 된다."

"지각과 감각이 있는 인간의 육체를 가진 나는 세상과, 세상의 근원과, 세상의 소멸과, 세상을 소멸시키도록 이끄는 길을 선언한 다"라고 붓다는 로히땃싸 쑷따에서 말했다.

여기서 세상이 의미하는 것은 고통이다. 세상의 소멸은 고통의 소멸을 의미하며, 그것이 열반이다.

중생의 열반은 자신의 몸에 의존한다. 열반은 저절로 생겨나는 어떤 것도 아니고, 창조될 어떤 것도 아니다.

열반은 초월적인 자아가 머무는 천국과 같은 것이 아니라, 모든 사람이 도달할 수 있는 것이다.

무엇이 열반을 얻는가?

불교에서는 영원한 실체나 불멸하는 영혼의 존재를 부정하므 로, 이런 질문은 부적절한 것이니 옆으로 치워두자.

바로 지금 이 순간, 여기에는 영원한 자아도 없고, 독립적인 존 재도 없기 때문에 열반 안에 '나'가 없다는 것은 말할 필요도 없다.

《청정도론》에서는 다음과 같이 말한다.

"고통은 존재하지만, 고통받는 사람은 존재하지 않는다. 행위자 는 존재하지 않는다.

행위 외에는 아무 것도 발견되지 않는다.

열반은 존재한다. 그러나 그것을 추구하는 사람은 존재하지 않는다.

길은 존재한다. 그러나 그 길 위로 가는 사람은 존재하지 않는다."

불교도와 힌두교도 사이의 열반에 대한 개념의 차이를 보면, 불교도는 영원한 영혼이나 창조자가 없이 열반이라는 목표를 바라보지만, 힌두교는 그렇지 않다는 것이다.

그런 이유로 불교는 영원주의〔절대주의〕도 아니고 허무주의도 아니라고 말한다. 열반 안에서는 아무 것도 영원하지 않으며, 아무 것도 허무하지 않다.

에드윈 아놀드 경은 이렇게 말했다.

"어떤 이가 열반을 죽는 것이라고 가르치면,
그가 거짓말을 한다고 말하라.
어떤 이가 열반을 사는 것이라고 가르치면,
그가 틀렸다고 말하라."

15 신성한 여덟 가지 수행

붓다 자신이 발견한 팔정도[1]는 열반으로 이끄는 유일한 길이다. 그 길은 지성을 약화시키는 극단적인 자기 학대의 고통을 피하고, 정신적 발달을 저지하는 극단적인 방종도 피한다.

팔정도는 올바른 이해, 올바른 사고, 올바른 말, 올바른 행동, 올바른 생계, 올바른 노력, 올바른 주의 깊음, 올바른 집중이라는 여덟 가지 요소로 되어 있다.

① 올바른 이해는 네 가지 신성한 진리에 대한 지식이다. 달리 말하면, 자신을 실제 그대로 이해하는 것이다.

올바른 이해가 불교의 기본이다. 불교는 비합리적인 믿음이 아니라 지혜에 바탕을 두고 있다.

② 올바른 사고는 세 가지로 되어 있다. 탐욕스러운 욕망이아니라 윤회를 버리겠다는 생각, 악의와 반대되는 선의의 생각, 잔인함과 반대되는 해치지 않으려는 생각. 그런 생각들은 마

음을 정화시킨다.

③ 올바른 말은 거짓말, 중상, 거친 말, 경박한 말을 하지 않는 것이다.

④ 올바른 행동은 살생, 도둑질, 간음을 하지 않는 것이다.

⑤ 올바른 생계는 재가신도들이 피해야 할 다섯 종류의 사업을 말한다. 무기 거래나 인신매매, 도살업이나 술 파는 직업, 독물을 파는 직업 등을 피하라는 것이다. 승려의 그릇된 생계로는 위선적인 행동을 들었다.

⑥ 올바른 노력에는 네 가지가 있다.

- 악행(惡行)이 이미 생겼으면 그것을 버리려는 노력
- 악행이 아직 생기지 않았으면 그것이 일어나지 않도록 막는 노력
- 선행이 아직 생기지 않았으면 그것을 계발하려는 노력
- 선행이 이미 생겼으면 그것을 촉진시키려는 노력

⑦ 올바른 주의 깊음에도 네 가지가 있다. 그것은 몸, 감각, 마음, 현상들에 대해서 주의 깊게 관찰하는 것이다.

⑧ 올바른 집중은 마음을 한 곳에 집중하는 것이다.

처음의 두 가지는 지혜(慧)에 속한다. 다음의 세 가지는 도덕(戒)에 속하며, 나머지 세 가지는 집중(定)에 속한다.

- 계(戒) ― 올바른 말, 올바른 행동, 올바른 생계
- 정(定) ― 올바른 노력, 올바른 주의 깊음, 올바른 집중

• 혜(慧) — 올바른 이해, 올바른 사고

엄밀히 말하면, 팔정도의 구성 요소들은 열반을 대상으로 하는
네 종류의 초세간적 의식에 나타나는 여덟 특성들을 상징한다.

수행하는 순서로 보면, 계, 정, 혜의 세 단계가 있다. 이 세 단계
는 다음의 시구에서 구체화되었다.

"모든 악을 멈추는 것
선한 것을 행하는 것
자신의 마음을 정화하는 것
이것이 모든 붓다들의 충고이다"

첫째 단계는 도덕이다.

수행자는 살생하지 말고, 다른 중생에게 피해를 주지 말며, 모
든 중생에게 친절하고 자비로워야 한다. 도둑질을 하지 말고, 모든
행동을 올바르고 정직하게 해야 한다. 간음하지 말고, 순수하고 깨
끗해야 한다. 거짓된 말을 하지 말고, 진실해야 한다. 사람을 부주
의하게 만드는 해로운 음료를 피하고, 맑은 정신을 가지고 부지런
해야 한다.

모든 불교신자들은 일상 생활에서 이상과 같은 다섯 가지의 원
칙을 지켜야 한다. 상황에 따라서는 그보다 조금 발전해서 여덟
가지의 원칙[2]이나 열 가지 원칙[3]까지 지켜도 좋다.

말과 행동을 조심하고, 감각을 제어하면서 천천히 착실하게 수행하는 동안에, 그의 업력은 그로 하여금 세속적 즐거움을 버리고 고행자의 삶을 살도록 만든다. 그는 세속적 즐거움의 허망함을 깨닫고, 세속의 재산을 자발적으로 버리고, 고행자의 옷을 입고, 성스러운 삶을 순수하게 살기 위해 노력한다. 성자가 되려면 반드시 세속을 버리고 고행자의 삶을 살아야 하는 것은 아니다. 비구의 생활은 정신적 발전을 촉진시키고, 수월하게 만든다. 그러나 재가자라도 성자가 될 수 있다. 출가하지 않은 재가자로서 열반을 깨달은 몇 사람을 예로 들 수 있다. 아나타삔디까와 비싸카는 예류과였으며, 싸꺄 마하나마는 일래과에 올랐으며, 웅기장이 가띠까라는 불환과가 되었고, 붓다의 아버지 쑷도다나 왕은 아라한이 되어 죽었다.

비구인 수행자는 자발적으로 가난하게 살고 네 종류의 계를 지킨다. 바로 별해탈계[4], 감각을 제어, 생계에 관련해서 품행을 깨끗이 함, 생활필수품에 관련된 규범을 지킴이다.

도덕을 확고히 지킬 기반이 마련되면, 수행자는 마음을 제어하고 향상시키는 단계인 두 번째 단계로 나아가 정신집중을 수행하기 시작한다. 정신집중(삼매)은 마음을 한 곳에 집중하는 것이다.

마음을 한 곳에 완전히 집중시킬 때 다섯 가지의 신통력을 계발할 수 있다. 멀리 있는 것을 보는 눈, 멀리서 나는 소리를 듣는 귀, 전생을 보는 힘, 남의 생각을 읽는 힘, 여러 가지 형태로 몸을 변화시켜 보일 수 있는 힘 등이 그것이다. 그러나 그런 초능력들이 성자에게 본질적인 것이라고 오해해서는 안 된다.

마음이 정화되더라도, 번뇌가 나타날 경향은 마음속에 여전히 잠재되어 있다. 정신 집중은 단지 번뇌를 잠들게 한 것에 불과하기 때문이다. 그 번뇌들은 뜻하지 않은 순간에 표면으로 떠오를지도 모른다.

도덕과 선정도 중요하지만, 수행자에게 사물들을 실제 그대로 볼 수 있게 하는 것은 지혜이다. 지혜는 열반으로 가는 길에서 마지막 단계이다.

삶에 대한 올바른 견해를 얻기 위해서 수행자는 집중된 마음으로 세상을 바라본다. 그는 이제 세상의 세 가지 특성에 대해서 명상한다. 세 가지 특성이란 세상의 일시성과 고통과 무아(無我)이다. 수행자는 조건에 의해서 만들어진 모든 것들은 일시적이며, 고통스러우며, '나'라는 실체가 없다는 것을 파악한다. 이 세 가지 특성 중에서 가장 마음에 와 닿는 것을 하나 선택해서 특별히 그 방향으로 집중적으로 통찰한다. 그가 '자아라는 실체가 존재한다고 믿는 생각'과 '의심'과 '그릇된 의례에 탐닉하는 것'이라는 처음의 세 가지 족쇄를 부수고 나서, 마침내 생애 처음으로 열반을 깨닫는 날이 올 때까지 계속 그 방향으로 통찰해야 한다.

그 단계에서 그는 예류과(預流果)에 들어간 것이다. 예류과는 열반으로 가는 강(江)에 들어간 사람을 말한다. 그는 아직 모든 족쇄들을 근절시키지 못했기 때문에, 최대한 일곱 번을 이 세상에 환생할 것이다.

열반을 먼 발치에서 흘깃 본 결과로 그는 새롭게 용기를 내서, 더 깊은 통찰력을 기르고, 감각적 욕망과 악의라는 두 족쇄들을 약화시킴으로써 일래과(一來果)에 오른다. 그가 아라한이 되지 못하고 죽으면 다시 한번 이 세상에 태어나기 때문에 일래과라고 부른다.

그가 감각적 욕망과 악의라는 두 족쇄를 완전히 버리게 되는 것은 성자의 세 번째 단계로서 불환과(不還果)라고 부른다. 불환과는 더 이상 감각적 즐거움에 대한 욕망이 없기 때문에 이 세상에 태어나지도 않고, 천국에 태어나지도 않는다. 죽은 후에 그는 정거천(淨居天)에 태어난다. 그곳은 '불환과'와 '아라한'만을 위한 장소이다.

이제 자신의 노력이 성공을 맺은 것에 용기를 얻은 진지한 순례자는 마지막 모험을 떠나서, 형태 있는 세계에 대한 집착, 형태 없는 세계에 대한 집착, 자만심, 불안, 무지라는 마지막 다섯 족쇄들을 파괴해서 아라한의 지위에 도달함으로써 완전한 성자가 된다.

따라서 그는 '생산하는 업'의 힘이 남아 있는 동안은 이 세상에 산다. 그 육체가 해체되면, 그는 완전한 열반을 얻는다.

쉽게, 깊이 읽는 불교입문

16 장애

장애는 해탈이나 천국으로 가는 길을 방해하거나, 수행을 방해하는 것을 말한다. 장애는 생각을 덮어씌우고 방해하는 것을 말하기도 한다.

장애에는 다섯 종류가 있다.

1. 감각적 욕망(애욕)

형상, 소리, 냄새, 맛, 접촉 같은 즐거운 감각의 대상들에게 집착하는 것이다. 감각적 욕망은 중생을 윤회에 묶어두는 족쇄의 하나로 간주된다.

평범한 사람은 감각을 매혹하는 대상들에게 유혹받기 쉽다. 자기를 제어하는 힘이 없으면 어쩔 수 없이 번뇌가 일어난다. 이 장애를 막으려면 선(禪, jhāna)의 다섯 가지 특징 중 하나인, '한 곳에 집중함(一境性)'을 수행해야 한다. 이 장애는 일래과를 얻으면 약화되고, 불환과를 얻으면 완전히 근절된다. 형태 있는 세계와 형태 없는 세계에 대한 집착과 같은 미묘한 형태의 집착은 아라한이 되어야만 근절된다.

다음의 여섯 가지 조건들을 갖추면 감각적 욕망들을 근절하기 쉽다.

① 대상에 대해서 싫어하는 마음을 느끼는 것

② 그 싫은 느낌에 대해서 계속 명상하는 것

③ 감각을 제어하는 것

④ 음식을 조절하는 것

⑤ 좋은 친구들을 사귀는 것

⑥ 유익한 말을 하는 것

2. 악의

악의나 혐오. 바람직한 대상에게는 집착하기 쉬운 반면에, 바람직하지 못한 대상에게는 혐오감을 느끼기가 쉽다. 이 두 가지가 이 세상 전체를 태우고 있는 두 개의 큰 불길이다. 두 불길에 무지가 가세해서 세상의 모든 고통들을 만들어낸다.

악의를 막으려면 선의 요소들 중 하나인 '기쁨'이 있어야 한다. 악의는 일래과를 얻으면 약화되고, 불환과를 얻으면 근절된다.

다음의 여섯 가지 조건들을 갖추면 악의를 근절하기 쉽다.

① 선의의 생각으로 대상을 느끼는 것

② 사랑과 자비에 대해서 항상 명상하는 것

③ 업은 자신의 것이라고 생각하는 것

쉽게, 깊이 읽는 불교입문

④ 업은 자신의 것이라는 생각을 공고히 하는 것

⑤ 좋은 친구들을 사귀는 것

⑥ 유익한 말을 하는 것

3. 게으름과 무기력

게으름은 마음이 병든 상태이고, 무기력은 마음의 특성들이 병든 상태라고 한다. 둔감한 마음은 나무에 매달려 있는 박쥐나 막대기에 붙은 꿀만큼 둔하고, 너무 굳어서 펴지지 않는 버터 덩어리처럼 둔하다. 게으름과 무기력을 육체의 나른함이라고 오해해서는 안 된다. 이 두 가지 상태를 없앤 아라한도 육체의 피곤을 경험하기 때문이다. 이 두 가지는 마음의 둔함을 조장하고 불굴의 노력을 방해한다. 게으름과 무기력을 막으려면, 선(禪)의 요소 중 하나인 '깊은 생각(尋思)'을 해야 한다. 그 장애들은 아라한이 되어야 근절된다.

다음의 여섯 가지 조건들을 갖추면 게으름과 무기력을 근절시키기 쉽다.

① 음식을 적당하게 먹는 것에 대해 숙고하는 것

② 몸의 자세를 바꾸는 것

③ 빛을 생각하는 것

④ 맑은 공기 속에서 사는 것

⑤ 좋은 친구들을 사귀는 것

⑥ 유익한 말을 하는 것

4. 불안과 후회

마음이 불안하고 흥분하는 것은 마음이 부도덕한 의식과 연결되어 있는 상태이다. 대체로, 악은 흥분하거나 불안한 상태에서 행해진다. 후회는 이미 저지른 악이나 성취하지 못한 이익 때문에 후회하게 되는 것이다. 자신의 악에 대해서 후회한다고 해서 악의 결과를 피할 수 있는 것은 아니다. 가장 좋은 후회는 악을 되풀이하지 않겠다는 의지이다.

이상의 장애들을 막으려면, 선의 요소 중 하나인 행복이 있어야 한다. 마음의 동요는 아라한이 되어야 근절되며, 후회는 불환과에 이르면 근절된다.

다음의 여섯 가지 조건들을 갖추면 마음의 불안과 후회를 근절시키기 쉽다.

① 배우는 것
② 질문하거나 토론하는 것
③ 계율의 본질을 이해하는 것
④ 선배 수행자들과 좋은 관계를 맺는 것
⑤ 좋은 친구들을 사귀는 것
⑥ 유익한 말을 하는 것

5. 의 심

의심은 지혜라는 치료제가 결여되어 생기는 것이다. 혼란한 생각 때문에 속상해 하는 것이라고도 설명된다.

쉽게, 깊이 읽는 불교입문

여기서의 의심은 붓다 등에 대한 의심을 말하는 것이 아니다. 비불교도들도 의심을 없애고 선(禪)을 얻기 때문이다. 족쇄로서의 의심은 붓다 등에 대한 의심도 물론 포함하지만, 장애로서의 의심은 실행되고 있는 어떤 특정한 것에 대해서 우유부단하거나 불안정한 것을 말한다. 어느 것에 대해서도 확실히 어떻다고 결정할수 없는 무능력이 의심이라고 주석을 붙인 이도 있다. 이 상태를 극복하려면 선(禪)의 요소 중 하나인 고찰을 해야 한다. 예류과에 오르면, 이 장애가 근절된다.

다음의 여섯 가지 조건들을 갖추면 의심을 근절시키기 쉽다.

① 불법과 계율에 대한 지식

② 논의하고 질문하는 것

③ 계율의 본질을 이해하는 것

④ 대단한 확신

⑤ 좋은 친구들을 사귀는 것

⑥ 유익한 말을 하는 것

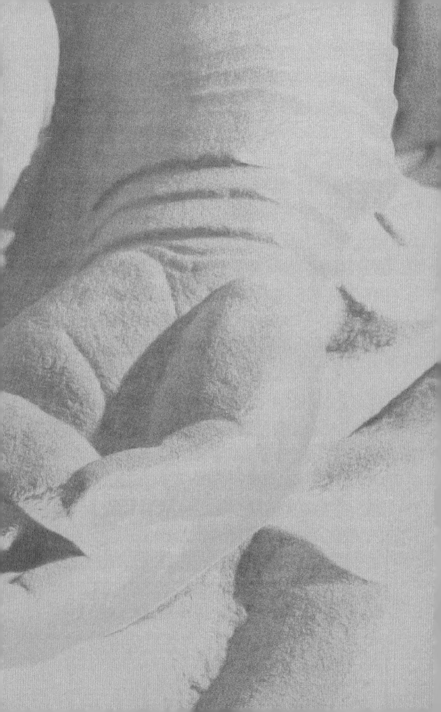

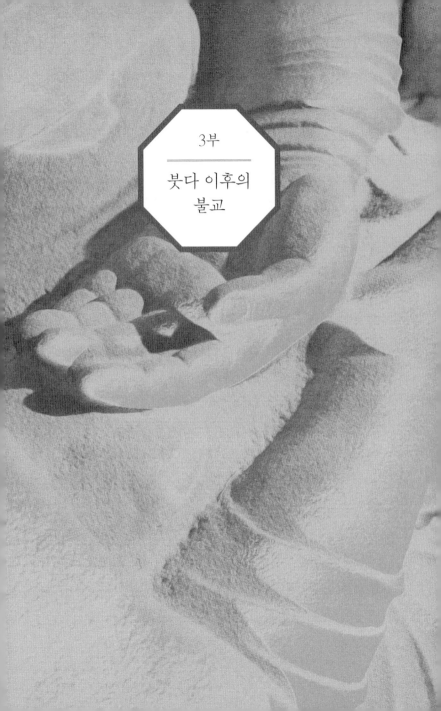

3부

붓다 이후의
불교

17 세 번의 집회

최초의 집회

붓다는 80세가 된 해의 5월 보름날에 세상을 떠났다. 그의 죽음은 돌이킬 수 없는 손실이었다. 불환과와 아라한들을 제외한 그의 제자들은 모두 깊은 슬픔에 빠져, 슬피 울거나 한탄하고 있었다. 그러나 늙은 나이에 출가한 쑤밧다라고 불리는 부도덕한 비구는 붓다의 죽음을 즐거워하는 유일한 사람이었다.

"형제들이여, 슬퍼하지 말라. 울지 말라. 이제 우리는 그 위대한 고행자로부터 해방되었다. 그는 항상 '이것은 옳다, 저것은 옳지 않다'라고 말하면서 우리를 괴롭혔다. 이제 우리는 원하는 것을 마음대로 할 수 있다"라고 쑤밧다 비구는 말했다.

스승이 돌아가신 지 일주일도 채 되지 않았을 때 한 제자의 입에서 이런 뜻하지 않은 말이 나오자, 붓다의 세 번째 수제자인 깟싸빠 비구는 붓다의 가르침을 보호하고 강화하기 위해서 아라한들이 주도하는 집회를 열었다.

승가의 의도를 전해 들은 아자따쌋뚜 왕은 승가가 라자가하의 쌋따빤니 동굴 입구에서 집회를 열 수 있도록 모든 준비를 갖추었다.

동굴 입구에 있는 큰 방에 500명의 자리가 마련되었지만, 499명의 유명한 아라한들만이 집회에 모이도록 선택되었다. 비어 있는 한 자리는 아난다 비구를 위한 것이었다. 그 당시 아난다 비구는 아직 아라한에 도달하지 못하고 예류과에 머물러 있었기 때문이었다. 그러나 집회가 열리기 직전에 아난다 비구는 예상했던 대로 아라한과를 얻고, 자신의 빈 자리를 채우기 위해 신통력을 이용해서 그 자리에 나타났다.

집회를 통솔하는 장로는 깟싸빠 비구였다. 우빨리 비구와 아난다 비구는 각각 붓다가 말한 계율과 법을 암송하기 위해서 선택되었다.

이 첫 번째 집회(제1차 결집)는 붓다가 열반에 든 지 석 달만에, 아자따쌋뚜 왕이 재임한 지 8년째 되는 해에 열린 것이다. 그리고 이 집회는 일곱 달 동안 진행되었다.

경, 율, 론의 삼장

참석자들은 먼저 붓다의 가르침의 생명력인 율장(律藏, vinaya pitaka)을 암송했다. 이 율장은 5개의 책들로 구성되어 있다.

① 단두죄(斷頭罪, Pārājika Pāli) ― 무거운 죄
② 참회해야 할 죄(Pācittiya Pāli) ― 가벼운 죄   } [분별론(分別論 Vibhanga)]

③ 대품(大品, Mahāvagga Pāli) ― 중요한 부분
④ 소품(小品: Cūlavagga Pāli) ― 작은 문제들   } [건도부(犍度部) Khandhaka)]

⑤ 부록(附錄, Parivāra Pāli) ― 율장의 개요

경장(經藏, sutta pitaka)은 5개의 부(部, Nikāya)로 되어 있다. 모든 경장이 시작될 때는 아난다 비구가 한 말인 '이렇게 내가 들었다'로 시작되는 도입부가 있다는 것을 주목해야 한다.

① 장아함경(長阿含經, Dīgha Nikāya) ― 긴 설법의 모음집

② 중아함경(中阿含經, Majjhima Nikāya) ― 중간 길이 설법의 모음집

③ 잡아함경(雜阿含經, Saṁyutta Nikāya) ― 유사한 이야기들의 모음집

④ 증일아함경(增一阿含經, Aṅguttara Nikāya) ― 숫자에 따라 정리된 설법의 모음집

⑤ 소부경(小部經, Khuddaka Nikāya) ― 작은 모음집

다섯 번째의 소부경은 다시 15개의 책으로 분류된다.

① 소송경(小誦經, Khuddaka Pātha) ― 짧은 설법들의 모음집

② 법구경(法句經, Dhammapada) ― 진리의 길

③ 자설경(自說經, Udāna) ― 기쁨의 찬가

④ 여시어경(如是語經, Iti Vuttaka) — '이렇게 내가 들었다'로 시작되는 설법들

⑤ 경집(經集, Sutta Nipāta) — 설법 모음집

⑥ 천궁사경(天宮事經, Vimāna Vatthu) — 천국의 왕궁에 대한 이야기들

⑦ 아귀사경(餓鬼事經, Peta Vatthu) — 배고픈 귀신들의 이야기

⑧ 장로게(長老偈, Theragāthā) — 비구들의 게송

⑨ 장로니게(長老尼偈, Therigāthā) — 비구니들의 게송

⑩ 본생경(本生經, Jātaka) — 전생 이야기

⑪ 의석(義釋, Niddesa) — 설명들

⑫ 무애혜경(無碍慧經, Patisambhidā) — 분석적 지식

⑬ 비유경(臂喩經, Apadāna) — 아라한들의 삶

⑭ 불종성경(佛種姓經, Buddhavaṁsa) — 붓다의 일생

⑮ 소행장(所行藏, Cariyā Pitaka) — 품행의 방식

논장(論藏, abhidhamma pitaka)은 그 집회에 참여한 모든 아라한들이 암송한 것이라고 한다. 논장은 일곱 가지 책들로 이루어져 있다.

① 법집론(法集論, Dhamma Sangani) — 법의 분류

② 분별론(分別論, Vibhaṅga) — 분별에 관한 책

③ 논사(論事, Kathāvatthu)[1] — 논쟁점들

④ 인시설론(人施說論, Puggala paññtti) — 개인들에 관한 서술들

⑤ 계론(界論, Dhātukathā) ─ 요소들에 관한 논의

⑥ 쌍론(雙論, Yamaka) ─ 한 쌍으로 이루어진 책

⑦ 발취론(發趣論, Paṭṭhāna) ─ 관계에 관한 책

이상의 31가지 책을 총칭해서 삼장(三藏, Tipitaka)[2]이라고 부른다. 율장은 주로 비구승가와 비구니승가의 규율을 계속 유지시키기 위해서 붓다가 말한 규정과 규칙들을 다루고 있다. 경장은 여러 기회에 붓다가 법을 설명한 것을 주로 포함하고 있다. 또한 싸리뿟따, 목갈라나, 아난다 비구 등의 설법도 몇 개 포함하고 있다. 논장은 붓다의 가르침 속에 있는 심오한 철학을 담고 있다.

삼장을 처음으로 글로 적은 것은 기원전 80년경이었으며, 스리랑카에 있는 알루비하라의 밧타가마니 아바야 왕의 재위시절이었다.

두 번째 집회

두 번째 집회(제2차 결집)는 붓다가 열반에 든 지 100년 후에, 깔라쏘까 왕이 재위한 지 10년이 되는 해에 베쌀리에서 이루어졌다.

부적합한 열 개의 조항들

그 당시 베쌀리에서는 밧지족 출신인 뻔뻔스러운 많은 비구들이

율장에 관련해서 다음의 열 가지 조항[3]이 적합하다고 주장했다.

　1. 각염정(角鹽淨, singiloṇakappa)

　싱거운 음식에 간을 맞추기 위해서 뿔 등에 소금을 넣어 가지고 다니면서 사용하는 것은 적합하다.

　2. 이지정(二指淨, dvaṅgulakappa)

　정오의 햇빛 아래 섰을 때 몸의 그림자가 손가락 두 마디보다 길지 않을 정도밖에 시간이 지나지 않았을 때 음식을 먹는 것은 적합하다.

　3. 촌락문정(村落問淨, gāmantarakappa)

　식사를 마친 비구가 식사를 더 하기 위해서 마을에 탁발하러 갈 때 율장의 의례를 치르지 않고 가는 것은 적합하다.

　4. 주처정(住處淨, āvāsakappa)

　큰 관할구의 경우에는 승려들이 많아서 한 곳에 모이기 어려우니 여러 건물에 나뉘어 계율을 설명하는 의식(布薩, uposatha)을 실행하는 것은 적합하다.

　5. 동의정(同意淨, anumatikappa)

　먼저 계율에 관한 의식을 거행한 후, 참석하지 않은 비구들에게

　　　　　　　　　　　쉽게, 깊이 읽는 불교입문

는 나중에 동의를 구하는 것은 적합하다.

6. 관습정(慣習淨, ācinnakappa)

스승이나 교사의 수행을 따라하는 것은 적합하다.

7. 불응유정(不凝乳淨, amathitakappa)

원래의 맛을 잃었으나, 아직 발효하지 않은 상태의 우유를 비구가 식사 후에 먹을 때 율장의 의례를 행하지 않는 것은 적합하다.

8. 미발효주정(未發酵酒淨, jalogikappa)

발효되지 않은 야자술을 먹는 것은 적합하다.

9. 무연좌구정(無緣座具淨, adasaka-nisīdanakappa)

가장자리를 장식하지 않은 돗자리를 사용하는 것은 적합하다.

10. 황금정(黃金淨, jātarupadikappa)

금과 은을 보시로 받는 것은 적합하다.

이상과 같은 이단적인 가르침을 듣게 된 야싸 비구는 목숨을 걸고라도 그런 움직임을 뿌리 뽑겠다고 다짐했다. 그리고 그는 결국 목적을 달성했다. 이상의 항목들에 대해 질문을 받은 레바따 비구가 그것들이 모두 부적합하다고 선언한 것이다.

발루까라마에 모인 여덟 명의 뛰어난 아라한들 앞에서, 레바따 비구는 열 가지 조항들에 관해서 최연장자인 쌉바까미 비구에게 물었다. 쌉바까미 비구는 비구계를 받은 지 120년이 흐른 비구였는데, 율장에 의거해서 열 가지 조항들이 부적합하다고 판결했다.

그 후에 레바따 비구는 법을 보호하기 위해서 700명의 훌륭한 아라한들을 선출해서 집회를 열었다. 이 두 번째 집회는 8개월 동안 계속되었다. 깔라쏘까 왕이 후원했으며, 쌉바까미 비구가 통솔 장로였다.

그 집회에 모인 아라한들 중에서 쌉바까미, 쌀하, 레바따, 쿳자쏘비따, 야싸, 쌈부따, 싸나바씨까, 아난다 비구의 모든 제자들, 아누룻다의 제자들, 바싸바가미까, 쑤마나 등은 붓다가 생존했던 당시에 살았던 행운을 지닌 사람들이었다.

세 번째 집회

아쏘까 왕이 개종한 것은 불교에 큰 도움이 되었다. 왕의 후원으로 불교는 번성했고, 교단의 세력이나 구성원도 점점 많아졌다. 그러나 세속적인 이익에 유혹된, 바람직하지 못한 이단적 종파들이 불교 교단에 들어와 타락한 생활태도와 이단적인 견해로 불교 교단을 오염시키고 있었다.

그 당시에 나이 많은 아라한이었던 목갈리뿟다 띳싸는 교단이 오염되었다는 것을 깨닫고, 계율을 설명하는 승가모임(포살계)을

쉽게, 깊이 읽는 불교입문

7년 동안 열지 않으면서 아호강가의 둑에서 은거하고 있었다.

무책임한 장관이 저지른 경솔한 행위에 대해서 아쏘까 왕이의 심을 갖기 시작한 것이 바로 이때였다. 왕은 목갈리뿟다 띳싸 아라한이 이 문제를 해결해줄 수 있을 거라는 말을 들었다. 왕은 아라한을 부르고자 사람을 보냈지만, 그는 오려고 하지 않았다. 두 번째의 부름에도 응하지 않았다. 세 번째에는 전달자를 보내면서 교단을 보호하기 위해서 그를 초청하는 것이라는 명분을 내세웠다. 그러자 목갈리뿟따는 초청을 수락하고 빠딸리뿟뜨라에 도착했다. 왕은 존경심으로 그를 맞이했고, 자신이 지은 아쏘까라마에 그를 묵게 했다. 왕은 일주일을 그와 함께 머물며, 그의 밑에서 법을 공부했다.

그 다음에 비구들의 견해를 조사하는 시험을 보고, 바람직하지 않은 비구들을 승가에서 축출했다. 그래서 교단에 남은 순수한 비구들이 7년만에 처음으로 포살계를 행하게 되었다.

목갈리뿟따 띳싸 아라한은 법과 교단을 지키기 위해서, 이를 기회로 삼아 세 번째 집회(제3차 결집)를 열었다.

아쏘까라마에서 열린 이 세 번째 집회에는 1,000명의 아라한들이 참석했다. 이 집회는 붓다가 열반에 든 지 236년 경이 지난 후, 아쏘까 왕의 재위 18년에 빠딸리뿟뜨라에서 열렸다. 목갈리뿟다 띳싸 비구가 이 집회를 통솔하는 장로였다. 그는 논장의 일곱 가지 책들 중 하나인 '논사(論事)'를 이 집회에서 편찬하는 책임을 맡았다.

18 아쏘까 왕과 그의 사절단

새로 생긴 빠뜨나(혹은 빠딸리뿌뜨라)라는 도시는 마우리아 왕조의 왕인 짠드라굽따가 지배하고 있었다. 그의 아들은 빈두싸라 왕이었는데, 그는 16명의 아내에게서 101명의 아들을 두었다. 그중에서 가장 뛰어난 아들이 아쏘까였다. 아쏘까의 어머니는 쑤바드랑기였는데, 다르마라고 불리기도 했다. 이복형인 그의 맏형은 쑤마나(혹은 쑤씨마)였으며, 배다른 형제인 동생은 띳싸였는데 비따쏘까(혹은 비가따쏘까)라고도 불리었다.

아쏘까의 가족

아쏘까에게는 다섯 아내가 있었다. 그는 아반띠에서 부총독으로 지낼 때 데비라는 이름의 싸꺄족 공주와 결혼했다. 그녀 이외에, 왕비인 아싼드미뜨라와 까루바끼, 빠드마바띠, 띠쌰라시따 등의 아내가 있었다.

쉽게, 깊이 읽는 불교입문

그에겐 네 아들과 두 딸이 있었다. 데비가 낳은 아이들은 마힌다와 쌍가밋따였다. 까루바끼의 아들은 띠바싸였고, 빠드마바띠의 아들은 꾸날라였다. 그 외에 아쏘까 왕에겐 잘라우까라는 아들과 짜루마띠라는 딸이 있었다.

쌍가밋따의 남편인 악기무카와 짜루마띠의 남편인 데바빨라가 사위인데, 데바빨라는 네팔에 있는 랄리따뿌라의 무사계급 출신이었다.

아쏘까 왕의 왕위를 이어받은 다싸라타 왕자와 꾸날라의 아들인 쌈빠띠, 쌍가밋따의 아들인 쑤마나가 아쏘까 왕의 손자들이다.

아쏘까가 왕이 되다

어떤 학자들의 견해에 따르면, 아쏘까는 기원전 304년에 태어났다. 빠알리 연대기에 따르면, 그는 붓다가 열반에 든 지 218년 후에 왕으로 책봉되었지만, 즉위는 그보다 4년 늦게 이루어졌다. 그는 즉위한 후 37년 동안 왕위에 있었다. 아마도, 그는 30세에 왕위에 오르고 71세에 죽었을 것이다.[1]

빠알리 연대기에 의하면, 아쏘까 왕은 통치권을 강화하려는 야심을 품고, 배다른 동생 띳싸를 제외한 모든 형제들을 죽였다고 한다. 띳싸는 나중에 승가에 들어가서 아라한의 경지에 올랐다. 그러나 어떤 칙령들을 보면 그의 즉위식 이후에도 형제들의 일부가 여전히 살아 있었음이 증명되기 때문에 빠알리 연대기의 설명이 틀렸다고 하는 학자들도 있다.

그는 형제들을 죽일 만큼 광폭했고, 부당한 전쟁을 많이 일으켜서 수많은 가정에 이루 다 말할 수 없는 고통을 주었기 때문에, 그에게는 '짠다쏘까'(사악한 아쏘까)라는 낙인이 찍혔다. 그러나 불교로 개종한 후에는 매우 모범적인 군주가 되었기 때문에 이름이 '다르마쏘까'(올바른 아쏘까)로 바뀌었다. 그의 장점을 칭찬하는 별명으로는 '데바남삐야'(신의 사랑을 받는 자), '삐야다씨'(보기 좋은 자) 등이 있다.

아쏘까의 개종

왕실의 관습에 따라서 아쏘까 왕은 브라민 사제들에게 정기적으로 보시를 했다. 그러나 그는 사제들의 탐욕 때문에 유쾌하지 않았다. 어느 날, 그가 무심코 창 밖을 내다보고 있을 때, 기품 있게 보이는 열두 살 가량의 어린 행자가 절제된 걸음걸이로 길을 따라 조용히 걷고 있는 것을 보았다. 왕은 어린 행자를 왕궁으로 초대해서 그에게 적절한 자리에 앉으라고 권했다. 자기보다 더 정신적으로 높은 사람이 주위에 없는 것을 보고 나서, 그는 법좌에 올라앉았다. '그는 분명히 이 지방을 이끄는 우두머리가 될 것이다'라고 왕은 생각했다. 왕은 그 행자에게 경의를 표하고, 법의 가르침을 듣기 위해서 낮은 자리에 앉았다. 니그로다라는 그 어린 행자는 다음에 나오는 《법구경》의 게송에 대해서 설명했다.

쉽게, 깊이 읽는 불교입문

"주의 깊음[2]은 열반으로 가는 길이다.

주의 깊지 않음은 윤회로 가는 길이다.

주의 깊은 사람은 윤회에 얽매이지 않는다.

주의 깊지 않은 사람은 이미 죽은 사람과 같다."

아쏘까는 붓다의 말에 감동을 받아서 불교도가 되었다. 개종은 그의 생애에 있어서 전환점이 되었다. 그는 점차 개심했다. 그의 인생관은 완전히 변했다. 그는 생활방식을 완전히 바꾸었다. 그는 올바른 통치와 문화적인 통치를 선호하게 되었다. 그는 인생의 후반기에 매우 믿음이 깊고 올바른 군주가 되었다. H. G. 웰즈는 이렇게 표현한다. "역사를 가득 메운 수만 명의 군주들 가운데 아쏘까라는 이름은 별처럼 빛난다. 러시아로부터 일본에 이르기까지 아쏘까의 이름은 오늘날까지도 칭송된다. 중국, 티베트, 불교가 사라진 인도까지도 아쏘까의 위대한 전통을 유지하고 있다. 오늘날 살아 있는 사람들은 콘스탄틴 대제나 샤를마뉴 대제의 이름보다 아쏘까에 대한 기억들을 더 소중히 여기고 있다."

니그로다 행자를 만난 뒤 불교도가 되기는 했지만, 아쏘까는 왕국을 넓히려는 야망을 버리지 않았다. 그가 모든 전쟁을 포기하고 진정한 불교도가 된 것은 깔링가 전쟁 후였다. 그는 승리한 뒤에 전쟁을 포기한 사람으로 기록된 유일한 군주라고 웰즈는 말한다.

그 후에 그는 이상적인 불교도 군주가 되었다. 그는 인도와 아시아 대륙뿐만 아니라, 유럽과 아프리카에도 법을 퍼뜨리기 위해서 지치지 않는 정력으로 일했다. 그리하여 불교를 세계적인 종교로 변화시켰으며, 큰 바위에 적어 놓은 그의 유명한 칙령을 통해서 붓다의 중요한 가르침을 널리 퍼뜨렸다. 또한 그는 빠뜨나 근처에 수많은 사원들을 세워 그 지역 전체가 사원으로 알려지게 되었으며, 지금은 '비하르' 주가 되었다. 그는 붓다의 일생과 관련된 신성한 장소를 거의 모두 순례했으며, 그 역사적인 장소들을 표시하기 위해서 영구적인 기념물들을 세웠다. 음식으로 소모하기 위해서 왕궁에서 행하던 동물 살육을 점차 줄여나가 중지시켰으며, 동물을 희생시키는 제사를 금지했다. 훗날 네루 수상은 이렇게 말했다. "아쏘까 왕의 모범적 행동과 불교의 전파로 인해서 채식주의가 보편화되었다."

아쏘까 왕의 시대에는 왕가의 후원으로 불교가 번영을 누렸지만, 진정한 불교도 군주였던 그는 다른 종교들에 대해서도 관대했다. 그의 칙령비 중 하나에는 이렇게 쓰여져 있다.

"모든 종파는 어떤 이유에서든 존경받을 가치가 있다.
그렇게 함으로써, 사람은 자신의 종파를 찬양하는 동시에 다른 사람들의 종파를 돕는다."

아쏘까 왕은 사람들의 정신적인 성장뿐만 아니라 물질적인 복지 향상에도 관심이 많았다. 그는 모든 신하들을 자식처럼 아꼈으며, 민중의 복지를 향상시키기 위해 자발적으로 나섰다. 그는 "내

쉽게, 깊이 읽는 불교입문

가 식사를 하고 있거나, 여인의 방에 있거나, 침실에 있거나, 쉬는 방에 있거나, 마차에 타고 있거나, 정원에 있거나, 언제 어디서든 내 신하들은 민중의 복지에 대해서 항상 내게 보고해야 한다. 나는 민중의 복지를 위해서 일해야 한다"라고 말했다.

그가 한 말대로, 그는 모든 사람들에게 아버지처럼 행동했다. 그가 재위하던 시대에는 공공의 정원과 약초, 사람과 동물을 위한 병원, 우물, 도로, 교육제도 등이 전국에 걸쳐 발달했다. 아시아뿐만 아니라 유럽과 아프리카에서, 세계 최초로 사람과 동물을 위한 병원을 세운 사람이 아쏘까 왕이었음을 말하는 것은 그의 공로를 인정하기 위해서이다.

인도가 쇠퇴하고 무너진 원인이 불교에 있다고 성급하게 비판하는 사람들에게 강한 반박을 하는 것은 아쏘까 왕 시대에 나라를 번성하게 했던 것이 불교적 통치이기 때문이다.

아쏘까 왕이 보낸 포교단

빠알리 연대기에 의하면, 아쏘까 왕의 즉위 후 17년 째 되는 해에 세 번째 집회가 열렸다. 그 집회를 통솔하던 사람은 목갈리뿟다 띳싸 아라한이었다. 집회가 끝나갈 때, 그들은 붓다의 가르침을 전파하기 위해서 뛰어난 아라한들을 아홉 군데로 보내기로 결정했다.

사절단의 이름과 보낸 장소는 다음과 같다.

사절단	장소
1. 맛잔띠까 장로	까슈미르, 간다라
2. 마하데바 장로	마힝싸까 만달라
3. 락키따 장로	바나바씨
4. 요나까 담마락키따 장로	아빠란따까
5. 마하담마락키따 장로	마하랏타
6. 마하락키따 장로	요나깔로까
7. 맛지마 장로	히마반따빠데싸
8. 쏘나까 장로, 웃따라 장로	쑤반나부미
9. 마힌다, 잇티야, 웃띠야, 쌈발라, 밧다쌀라 장로	땀바빤니디빠

각각의 포교단은 다섯 명의 장로로 구성되어 있어서 외딴 지역에서 수계식(受戒式)을 할 수 있었다고 한다.

1. 까슈미르는 인도의 북서부에 위치하고 있다. 북부 뿐잡 지방인 뻬샤바르와 라발뻰디는 간다라에 속한다. 이곳에 도착한 맛잔띠까 장로는 신통력을 사용해서 용왕인 아라발라를 정복하고 '독사경(毒蛇經, Āsivisopama Sutta)'을 설명했다.

2. 마힝싸까 만달라는 인도 남부의 마이쏘르로 여겨진다. 혹자는 그곳이 빈디야 산맥의 서쪽 부분이었다고 말한다. 여기서

쉽게, 깊이 읽는 불교입문

는 '천사경(天使經, Devadūta Sutta)'을 설명했다.

3. 바나바씨는 인도 남부에 위치한 북부 까나라이다. 이 지역에
는 오늘날에도 바나바씨로 불리는 도시가 있다. 여기서 행해
진 설법의 주제는 '무시경(無始經, Anamatagga Sutta)'이었다.

4. 아빠란따까는 인도의 서부 지역으로 추정된다. 옛날 이야기
에 의하면, 고대 인도에 존재했던 다섯 국가 중의 하나가 아
빠란따까였다. 그 수도는 현재의 쏘빠라였다. 북부 구즈라뜨,
까띠야바르, 까츠, 씬드 지역이 아빠란따까에 속했다. 여기
서 행해진 설법은 '화취경(火聚經, Aggikkandhopama Sutta)'이
었다.

5. 마하랏타는 현대 인도 중서부의 마하라슈뜨라이다. 여기서는
'마하 나라다 깟싸빠 자따까'를 설명했다.

6. 요나깔로까는 그리스의 왕국이다. 그것은 서부 인도에 존재
했던 그리스 왕국이었음에 틀림없다. 혹자는 그곳이 이집트,
시리아, 그리스로 이루어져 있었다고 한다. 여기서는 '깔라까
라마 쑷따(Kalakarama Sutta)'가 설해졌다.

7. 히말라야[3] 지역으로 맛지마 장로와 함께 간 장로들은 깟싸빠

곳따, 알라까데바, 마하데바, 둔두빗싸라 등이었다. 여기서는 《전법륜경》이 설해졌다.

8. 어떤 사람들은 쑤반나부미를 현대의 미얀마라고 한다. 어떤 사람들은 벵갈에 있는 쑤바르나라고 한다. 어떤 사람들은 쏘나 강 유역에 있는 히라냐바하 지역이라고 한다. 여기서는 《범천망경(梵天網經, Brahmajāla Jātaka)》을 주제로 설법했다.

9. 땀바빤니디빠는 현재의 스리랑카이다.

실론으로 보낸 포교단

아쏘까 왕의 아들이 네 명의 비구와 한 명의 사미, 한 명의 재가 신도를 동반하고 스리랑카인들을 개종시키기 위해서 랑카에 도착했다. 그들이 실론(스리랑카)에 도착한 것은 축제날이었다. 그들은 데바남삐야 띳싸라는 왕을 만났다. 그 왕은 밋싸까(현재의 미힌딸레)라는 산으로 일행과 함께 사슴사냥을 하러 갔다. 마힌다 아라한은 왕을 단지 '띳싸'라는 이름으로 불러서 주의를 끌었다. 그리고는 흥미 있는 대화가 오고갔다. 그 다음에 마힌다 아라한은《소상적유경(小象跡喩經, Cullahatthi-Padopamā sutta)》을 왕과 일행에게 설명했다. 그들은 그 설법을 듣고 불법승 삼보에 귀의하고 이 새로운 종교를 받아들였다.

마힌다 비구의 실론 포교는 대성공이었다. 그는 실론이 붓다의 미묘한 가르침을 전파하기에 좋은 토양이라는 것을 알았다. 불교는 실론에서 왕가의 후원을 받아 확고하게 자리잡았다.

아누라다뿌라의 수도에서 행해진 첫 번째 설법을 듣고 예류과의 경지에 도달한 아눌라 공주는 승가에 들어가고 싶어했다. 그래서 마힌다 비구는 인도로 사람을 보내서 자신의 누나인 쌍가밋따 장로 비구니에게 랑카를 방문해서 비구니승가를 만들라고 했다. 그녀는 붓다가야에 있는 보리수의 가지를 가지고 실론으로 왔다. 그녀를 수행하고 온 수많은 훌륭한 사람들이 스리랑카의 물질적 지성적·정신적 발전에 크게 기여했다.

스리랑카 불교도의 외적인 공로를 말하려면, 불교 세계의 역사상 처음으로 나뭇잎에 경전을 적어 기록함으로써 법의 미묘한 가르침을 순수하게 보호한 사람들이 실론의 불교도였음을 말해야 할 것이다.

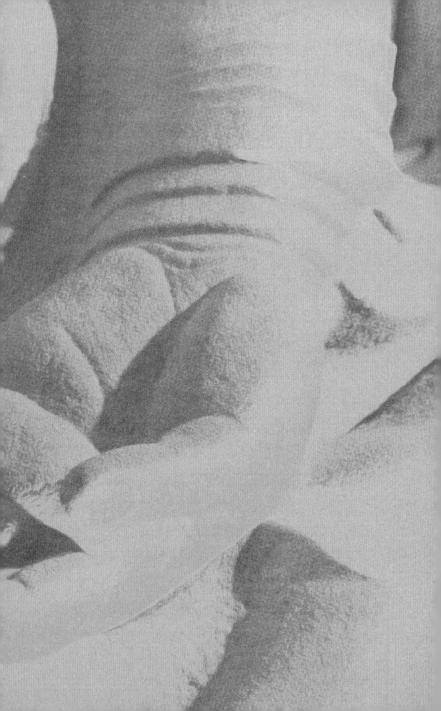

4부

경전 속의
가르침

19 행운경[1]

행운

이렇게 나는 들었다.

언젠가 붓다가 싸밧티[2] 근처의 제따 숲에 있는 아나타삔디까[3]의 사원에 머물고 있었다. 밤이 꽤 깊었을 때 훤한 광채를 내는 신이 제따 숲을 환하게 비추면서 나타나, 붓다 앞으로 가까이 다가가 정중하게 절을 하고 한 쪽에 섰다. 그렇게 서서 그는 붓다에게 다음의 시로 말했다.[4]

"선함을 갈구하는 많은 신과 인간들은 행운[5]에 대해서 깊이 생각했습니다. 최고의 행운이 무엇인지 말해 주십시오."

붓다는 그에게 이렇게 답했다.

1. "바보들과 사귀지 말고 현자들과 사귀고, 존경할 만한 가치가

있는 이들을 존경하는 것, 이것이 최고의 행운이다."

2. "알맞은 장소[6]에 머무는 것, 과거에 공덕 있는 행동을 한 것, 자신을 올바른 길로 가게 하는 것[7], 이것이 최고의 행운이다."

3. "법에 대해서 많이 듣는 것, 뛰어난 손재주를 갖는 것, 계율을 잘 지키는 것, 기분 좋게 말을 하는 것, 이것이 최고의 행운이다."

4. "부모를 잘 모시고, 배우자와 자식들을 소중히 여기는 것, 평화로운 직업에 종사하는 것, 이것이 최고의 행운이다."

5. "관대하고 올바른 품행을 하는 것, 친척들을 돕는 것, 결백한 행동을 하는 것, 이것이 최고의 행운이다."

6. "악을 멈추고 금지하는 것, 술을 먹지 않는 것, 확고하게 미덕을 행하는 것, 이것이 최고의 행운이다."

7. "붓다와 스승, 부모님과 선배들을 존경하는 것, 겸손함, 만족함, 감사함, 법을 들을 기회를 갖는 것, 이것이 최고의 행운이다."

쉽게, 깊이 읽는 불교입문

8. "인내하고 복종하는 것, 번뇌가 소멸된 사람의 고요한 모습을 보는 것, 적절한 때에 종교적인 토론을 하는 것, 이것이 최고의 행운이다."

9. "자기 제어, 네 가지 신성한 진리를 자각하는 성스러운 삶, 열반을 깨닫는 것, 이것이 최고의 행운이다."

10. "얻음과 잃음, 명예와 불명예, 칭찬과 비난, 행복과 고통 등의 세속적인 관념들에 부딪혀도 마음이 흔들리지 않는 것, 슬픔이 없고, 오염되지 않고, 안전한 것,[8] 이것이 최고의 행운이다."

11. "모든 일을 완수하고, 어디서나 불굴의 정신을 갖고, 언제나 행복하게 행동하는 사람들에게는 앞에서 말한 것[9]들이 최고의 행운이다."[10]

20 패망경[1]

패망

이와 같이 내가 들었다.

언젠가, 붓다는 싸밧티 근처의 제따 숲에 있는 아나타삔디까의 사원에 머물고 있었다.

밤이 꽤 깊었을 때, 흰한 광채가 나는 신이 제따 숲을 환하게 비추면서 나타나 붓다 앞으로 와서, 가까이 다가가 정중하게 절하고 한 쪽에 섰다. 그렇게 서서, 그는 붓다에게 다음의 시로 말했다.

1. "우리는 패망한 사람에 대해서 붓다에게 질문하러 왔습니다, 고따마 붓다여. 사람이 패망하는 원인을 말씀해 주십시오."
   - "발전하는 사람을 쉽게 알 수 있다. 퇴보하는 사람도 쉽게 알 수 있다. 법을 사랑하는 사람은 발전하는 사람이고, 법을 싫어하는 사람은 퇴보하는 사람이다."

쉽게, 깊이 읽는 불교입문

2. "우리는 이제 패망의 첫 번째 원인을 배웠습니다. 붓다여, 패망의 둘째 원인을 우리에게 말씀해 주십시오."

  - "패망하는 사람은 사악한 사람을 가깝게 여기며, 미덕을 갖춘 사람을 보고 기뻐하지 않는다. 그는 사악한 사람의 신념을 선호한다. 그것이 그의 패망의 원인이다.

3. "우리는 이제 패망의 두 번째 원인을 배웠습니다. 붓다여, 패망의 세 번째 원인을 우리에게 말씀해 주십시오."

  - "나태하고, 사교를 좋아하고, 부지런하지 않고, 화를 내는 사람은 그것이 그의 패망의 원인이다."

4. "우리는 이제 패망의 세 번째 원인을 배웠습니다. 붓다여, 패망의 네 번째 원인을 말씀해 주십시오."

  - "풍족하게 살면서 늙은 부모를 모시지 않는 사람은 그것이 그의 패망의 원인이다."

5. "우리는 이제 패망의 네 번째 원인을 배웠습니다. 붓다여, 패망의 다섯 번째 원인을 말씀해 주십시오."

  - "그릇되게 브라마나 계급과 고행자, 탁발수행자들을 속이는 사람은 그것이 그의 패망의 원인이다."

6. "우리는 이제 패망의 다섯 번째 원인을 배웠습니다. 붓다여,

패망의 여섯 번째 원인을 말씀해 주십시오."

- "많은 재산을 소유하고, 황금과 음식을 넉넉히 가진 사람
  이 혼자서만 맛있는 음식을 즐긴다면, 그것이 그의 패망
  의 원인이다."

7. "우리는 이제 패망의 여섯 번째 원인을 배웠습니다. 붓다여,
   패망의 일곱 번째 원인을 말씀해 주십시오."

- "자신의 출생계급이나 재산, 자신이 속한 부족을 자랑하는
  사람이 자신의 친척들을 멸시한다면, 그것이 그의 패망의
  원인이다."

8. "우리는 이제 패망의 일곱 번째 원인을 배웠습니다. 붓다여,
   패망의 여덟 번째 원인을 말씀해 주십시오."

- "난봉꾼, 술주정뱅이, 노름꾼, 재산을 탕진하는 사람은 그
  것이 그의 패망의 원인이다."

9 "우리는 이제 패망의 여덟 번째 원인을 배웠습니다. 붓다여,
  패망의 아홉 번째 원인을 말씀해 주십시오."

- "자신의 아내들로 만족하지 않고, 창녀나 남의 아내들을
  사귄다면, 그것이 그의 패망의 원인이다."

10. "우리는 이제 패망의 아홉 번째 원인을 배웠습니다. 붓다여,

패망의 열 번째 원인을 말씀해 주십시오."

- "늙은 남자가 매우 젊은 아내를 맞이하여 질투 때문에 동
  침하지 않는다면, 그것이 그의 패망의 원인이다."

11. "우리는 이제 패망의 열 번째 원인을 배웠습니다. 붓다여, 패
    망의 열한 번째 원인을 말씀해 주십시오."

- "절제 없이 방탕한 여자나 남자를 권위 있는 자리에 앉히
  는 사람은 그것이 그의 패망의 원인이다."

12. "우리는 이제 패망의 열한 번째 원인을 배웠습니다. 붓다여,
    패망의 열두 번째 원인을 말씀해 주십시오."

- "큰 야망을 품은 무사계급으로 태어났으나, 중상모략으로
  통치권을 얻으려고 하는 사람은 그것이 그의 패망의 원인
  이다."

"이와 같이 세상에서 패망하는 원인들을 잘 알기 때문에, 통찰
력을 지닌 신성한 현자는 행복한 세계에 산다."

21 자비경[1]

사랑과 친절

1. 선한 행동을 잘 하고, 열반을 얻고자 하는 사람은 이와 같이
   행동해야 한다.

2. 그 사람은 유능하고, 행동과 말이 올바르고, 생각이 올바르
   고, 유순하고, 온화하고, 겸손해야 한다.
   작은 직무에 만족하고, 간소한 생활을 유지하며, 감각을 제
   어하고, 신중하고, 건방지지 않고, 가족에게 지나치게 집착
   하지 않아야 한다.

3. 다른 현명한 사람이 그를 책망한다고 해서 홧김에 잘못된 행
   동을 해서는 안 된다.
   모든 중생이 행복하고 안전하기를 바라며, 그들의 마음이

건전하기를 바란다.

4. 모든 생물이 약하거나, 강하거나, 건장하거나, 중간이거나, 조 그맣거나, 키가 작거나, 크거나, 눈에 보이거나, 보이지 않거 나, 가까이 살거나, 멀리 살거나, 태어났거나, 태어날 예정이 거나간에 모두가 예외 없이 행복한 마음을 지니기를 바란다.

5. 어디에서나 그 누구도 다른 사람을 기만하거나 멸시하지 말 자. 분노나 악의 때문에 다른 사람을 해치려는 마음을 품지 말자.

6. 어머니가 목숨을 걸고 자식을 보호하는 것처럼, 모든 중생을 향해서 끝없는 사랑을 기르도록 하자.

7. 그 끝없는 사랑이 전 세계로 퍼지게 하자. 아무런 미움 없이, 악의 없이, 위로도 아래로도 옆으로도 아무런 막힘 없이 사랑 이 퍼지게 하자.

8. 서있거나 걷거나 앉았거나 누워 있을 때도, 그가 깨어 있는 동안은 주의 깊음을 유지해야 한다. 그것이 최고의 선행이다.

9. 영원한 자아가 존재한다고 믿는 잘못을 저지르지 않으며, 선

한 행동을 하며, 열반의 상태를 본 사람은 감각적 욕망에 대한 집착을 버린다. 그는 불환과의 경지에 도달해서 정토에 태어나기 때문에, 다시는 인간 세계에 태어나지 않는다.

쉽게, 깊이 읽는 불교입문

22 호족경[1)]

이와 같이 나는 들었다.

언젠가 붓다는 깍까라빳따에 있는 꼴리야족[2)]들과 함께 머물고 있었다. 그때 디가자누〔긴 무릎이라는 뜻〕라는 꼴리야족 자손이 붓다에게 다가와 정중하게 절을 하고 한 쪽에 앉았다. 그는 붓다에게 다음과 같이 질문했다.

"붓다여, 저희들은 세속적 쾌락을 즐기는 재가자들입니다. 우리는 아내와 자식들을 부양하는 삶을 살고 있습니다. 우리는 베나레쓰에서 나온 전단나무를 사용합니다. 우리는 꽃다발과 향수와 기름으로 치장합니다. 우리는 금과 은을 사용합니다. 붓다여, 우리와 같은 사람들에게 법을 설해 주십시오. 이생에서 번영과 행복을 누릴 수 있게 이끌고, 내생에서 행복을 누릴 수 있게 하는 가르침을 설해 주십시오."

세속적 발전을 가져오는 원인

"비약가빳자[3]여, 다음의 네 가지가 너희 부족을 이 세상에서 선함과 행복으로 이끈다. 그 네 가지는 무엇인가?"

그것은 끊임없이 노력하는 것, 방심하지 않고 보호하는 것, 좋은 친구를 가지는 것, 안정된 생계를 꾸려나가는 것이다."

"끊임없이 노력한다는 것이 무엇입니까?"

"비약가빳자여, 네 부족의 사람이 어떤 활동으로 생계를 꾸려가든지, 즉 농사를 짓든지, 무역을 하든지, 가축을 기르든지, 활 쏘는 기술로 살든지, 왕의 신하로서 살든지, 그 외의 다른 기술로 생계를 유지하든지간에, 그는 그 일에 대한 기술을 익히게 되고, 게으르지 않게 된다. 그는 일을 하는 방법을 생각해낼 재능이 있다. 그는 자신의 일을 하고, 꾸려나갈 수 있다. 그것을 가리켜 끊임없이 노력한다고 말한다."

"방심하지 않고 보호한다는 것은 무엇입니까?"

"비약가빳자여, 네 부족의 사람이 어떤 보물을 가졌든지간에, 그것이 노력에 의해서 얻고, 수고해서 모으고, 땀을 흘려서 올바른 방법으로 얻은 것이라면, 그들이 보물을 지키고 감시하기 때문에 왕들도 그 보물을 빼앗을 수 없고, 도둑도 그것을 훔치지 못하고, 화재도 그것을 불태우지 못하고, 홍수도 그것을 휩쓸어가지 못하

쉽게, 깊이 읽는 불교입문

고, 못된 상속자들도 그것을 탕진하지 못할 것이다. 이것이 방심하지 않고 보호하는 것이다."

"좋은 친구를 갖는다는 것은 무엇입니까?"

"비약가빳자여, 네 부족의 사람이 상업도시에 살든지 시골 마을에 살든지간에, 지식에 근거한 확고한 믿음을 갖고 있고, 계율을 잘 지키고, 자비심이 가득하고, 자식을 가진 지혜 있는 젊은이나 노인들과 조화를 이루며, 함께 대화하고 토론해야 한다. 그렇게 하면, 확고한 믿음을 가진 사람들의 믿음에 따르고, 확고하게 계율을 지키는 사람들의 계율에 따르고, 자비심이 가득한 사람들의 자비심에 따르고, 지혜로 충만한 사람들의 지혜에 따라서 행동하게 된다. 이것을 좋은 친구를 가진 것이라고 말한다."

"안정된 생계란 무엇입니까?"

"비약가빳자여, 자신의 수입과 지출을 아는 사람은 수입이 어느 정도의 지출을 감당할 수 있는지를 생각하고 자신의 수입보다 지나친 지출을 하지 않기 때문에, 지나치게 낭비하지도 않고 인색하지도 않아서 안정된 생활을 이끌어간다. 금을 세공하는 사람이 저울에 무게를 달 때 한 쪽에 무거운 것을 올려놓으면 저울이 그만큼 기우는 것처럼, 너희 부족 중에서 자신의 수입과 지출을 아는 사람은 자신의 수입이 어느 정도의 지출을 감당할 수 있는지를 생각하고 수입보다 지나친 지출을 하지 않기 때문에, 지나치게 낭비하지도 않고 인색하지도 않아서 안정된 생활을 이끌어간다.

비약가빳자여, 너희 부족 중에서 어떤 사람이 수입은 적은데도 사치스런 생활을 한다면, '이 부족의 사람은 무화과나무 열매를 먹는 사람처럼 자신의 재산을 낭비한다'라고 누군가가 말할 것이다. 무화과나무 열매를 먹으려고 나무를 흔들면 열매가 많이 떨어지지만, 그중에서 먹을 수 있는 양은 적고, 나머지는 버리게 될 것이다.

비약가빳자여, 네 부족 중 어떤 사람이 많은 수입을 가지고 있는데도 비참하게 생활한다면, '이 사람은 굶주린 걸인처럼 죽을 것이다'라고 누군가가 말할지도 모른다. 축적한 재산을 탕진하는 원인은 네 가지가 있다. 방탕, 술 중독, 노름에 빠짐, 나쁜 친구와 가까이 지내는 것 등이다.

네 개의 입구와 네 개의 배출구를 가진 거대한 물통이 있다고 하자. 그 물통의 입구를 막고, 배출구를 열어놓았는데, 비가 오지 않는다면, 물통의 물은 모두 네 개의 배출구로 빠져나갈 것이다. 그러면 물은 더 이상 증가하지 못하고 고갈될 것이다. 마찬가지로, 축적된 재산이 빠져나가는 네 개의 배출구인 방탕, 술 중독, 노름, 나쁜 친구와 사귀는 것으로 재산이 사라진다.

축적된 재산을 증가시키는 데에는 네 가지 원인이 있다. 방탕하지 말고, 술 중독이 되지 말고, 노름에 빠지지 말고, 좋은 친구들과 가깝게 사귀는 것이다.

네 개의 입구와 네 개의 배출구를 가진 큰 물통의 입구를 열어놓고 배출구를 닫아놓았을 때, 큰비가 내리면 물통 속의 물이 증가하는 것과 마찬가지로, 축적된 재산을 증가시키는 네 가지 원인도 재산을 증가시킨다."

정신을 향상시키는 원인

"다음의 네 가지는 이생의 삶을 선함과 행복으로 이끈다. 무엇이 그 네 가지인가? 그것은 확고한 믿음을 갖는 것, 계율을 지키는 것, 보시를 잘 하는 것, 지혜를 완성하는 것이다."

"확고한 믿음을 갖는 것이 무엇입니까?"

"믿음을 가진 사람은 여래가 깨달음을 얻었다는 사실을 믿는다. 그는 붓다가 고귀하며, 모든 것을 알며, 지혜를 가지고 자비를 행하며, 세상의 실상을 모두 알며, 제자들을 인도하는 뛰어난 안내자이며, 신들과 인간들의 스승이며, 깨달은 신성한 사람이라는 것을 믿는다. 그것을 가리켜 확고한 믿음을 가진 것이라고 말한다."

"계율을 지키는 것이 무엇입니까?"

"어떤 사람이 살생, 도둑질, 간음, 거짓말, 술에 취하는 것 등을 하지 않으면, 그것을 가리켜 계율을 지키는 것이라고 말한다."

"보시를 잘 하는 것이 무엇입니까?"

"어떤 사람이 세속에 살면서 마음에 탐욕이 없고, 자선을 잘 하고, 관대하고, 보시하는 것을 좋아하며, 탁발승들을 편한 마음으로 탁발하게 만들며, 음식을 주는 것을 기뻐한다면 그것을 가리켜 보시를 잘 하는 것이라고 말한다."

"지혜를 완성하는 것이 무엇입니까?"

"어떤 사람이 현명하며, 마음을 향상시키는 지혜를 갖고 있고, 고통이 완전히 소멸된 상태인 열반을 통찰했다면, 그것을 가리켜 지혜를 완성한 것이라고 말한다."

"이상의 네 가지는 다음 생에서도 그 사람을 선함과 행복으로 이끈다. 그런 사람은 자신의 활동 분야에서 열심히 일하고, 주의 깊고, 절제하며, 자신이 축적한 것을 지키면서 잘 산다."

"믿음을 가지며, 계율을 지키며, 관대하고 탐욕이 없는 사람은 다음 세상으로 이어지는 행복의 길을 닦는 것이다."

"이 세상과 다음 세상의 행복으로 이끄는 이 여덟 가지를 신심 있는 재가신자들을 위해서 설한다. 그렇게 보시를 행하면 재가자의 공덕이 증가할 것이다."

주석

제1장

1) 불기(佛紀)는 붓다가 열반한 해인 기원전 543년에서 시작되기 때문에, 탄생한 해는 기원전 623년이 된다.

2) 까삘라밧투는 벵갈의 바부안 역에서 3마일쯤 되는 바쓰띠 지역에 있는 불리야라는 마을로 추정된다.

3) 이 신성한 장소를 기념하기 위해서 아쏘까 왕이 세운 돌기둥이 오늘날까지도 남아 있다.

4) 무색계(無色界, Arūpaloka) : 무색계는 비물질적인 차원으로서, 무색계의 선(禪)의 경지에 들어간 사람이 죽으면 이 차원에 태어난다.

5) 고따마는 씨닷타 왕자가 태어난 집안의 성(姓)이고, 싸꺄는 씨닷타 왕자가 속한 부족의 이름이다.

6) 고대 인도의 브라만교(바라문교)에서는 사회 구성원의 계급을 넷으로 구분했다. 브라마나(사제계급), 끄샤뜨리아(무사계급), 바이샤(평민계급), 쑤드라(천민계급)이다.
'브라마나(brāhmaṇa)'는 베다(veda)에 대한 신성한 지식을 알고 베다를 암송할 수 있는 사람을 말한다. 그래서 그들은 베다에 의거해 제사를 지내는 사제계급을 이룬다. 이 계급에 속한 사람을 브라마나

혹은 브라만(brāhman) 또는 브라민(Brahmin)이라고 부른다. 그것을 한문으로 표기한 바라문이라는 이름이 우리 나라에서는 통용되어 왔다. 초기 불교경전에는 브라민이라는 말이 자주 등장한다. 브라만은 신성한 말, 베다, 신성한 경전, 종교적 지식, 신성한 생활, 신성한 지식을 지닌 사람들의 계급 등을 의미한다.

베다는 기원전 1500년 1000년에 인도에 침입해서 자리잡은 아리얀 족들이 만든 고대 인도의 성전(聖典)들이다. 베다는 오랜 기간에 걸쳐 형성되어 왔으며, 지금의 형태를 갖춘 것은 기원후 200년경이다. 베다는 원래 신에 대한 예배와 제사의식을 위해서 만들어졌는데, 제식이 점점 복잡해지자 용도에 따라서 리그 베다, 야주르 베다, 사마 베다, 아타르바 베다로 집성되었다. 가장 오래되고 중요한 것은 리그 베다로서, 철학적이며 종교적인 사상을 담고 있다. 야주르 베다는 제사의 의식이나 규범을 집합한 것이고, 사마 베다는 찬가나 영창에 관한 것을 모은 것이다. 아타르바 베다는 주문(呪文)을 모은 것이다. 각 베다는 4부분으로 되어 있다. 신들에 대한 찬가와 만트라를 모아 놓은 상히따(saṁhitā), 제사의 방식과 의미를 설명하는 산문인 브라마나, 그 다음은 아랑냐까, 철학적 사상이 풍부한 우빠니샤드가 있다. —옮긴이 주

7) 선(禪) : 마음을 한 가지 대상에게 집중한 뒤, 몸과 마음이 편안해지고 즐거워지며, 그 다음에는 편안함만 남는다. 그 다음에는 완전히 명료하고 평정한 느낌이 된다. 이 네 단계의 과정을 선이라고 한다. 그렇게 얻어진 경험은 더 향상된 정신 상태로 나가려는 수단이지 그 자체가 목적이 아니라고 한다. 빠알리경전에는 초선(初禪), 제2선, 제3선, 제4선 등의 단계로 된 4선(四禪)에 대해 언급한 것이 많다. 4선은 불교 이전에 이미 인도 사회에 존재했던 수행체제였다. 그것을 불교가 받아들여 욕계(欲界), 색계(色界), 무색계(無色界)의 삼계와 관련시켜 설명한 것이다.

초선의 상태에서는 '각'(覺, 사물을 관찰하는 거친 마음)과 '관'(觀, 사물을 관찰하는 미세한 마음)과 '희'(喜, 기쁨)와 '낙'(樂, 즐거움)이라는 요소가 아직 남아 있다. 제2선에서는 초선에 있었던 '각'과 '관'이 사라지고 마음이 평정하게 되어, 기쁨과 즐거움을 느낀다. 제3선에서는 제2선에서 있었던 기쁨도 사라지고 평등한 마음이 되어 최상의 즐거움을 느낀다. 제4선에서는 제3선에 있던 즐거움도 사라지고 마음이 평등하고 청정하게 된다. 즉, 초선에서는 욕망과 부도덕이 소멸되고, 제2선에서는 거칠게 관찰하는 마음인 '각'과 미세하게 관찰하는 마음인 '관'까지 소멸되고, 제3선에서는 기쁨을 느끼는 마음인 '희'까지 소멸되고, 제4선에서는 즐거움을 느끼는 마음인 '낙'까지 소멸되어 마음이 순수하게 되면 최고의 직관을 얻게 된다.

빠알리로는 '자나(jhāna)'라고 하고, 싼쓰끄리뜨로는 '디야나(dh-yāna)'라고 한다. 한편 중국에서는 디야나를 선(禪)이라고 번역하며, 일본에서는 젠(zen)이라고 발음한다. — 옮긴이 주

8) 까씨는 고대 인도의 열여섯 개 왕국들 중 하나이다. 수도는 베나레쓰였으며, 현재는 바라나씨라고 부른다. 까씨는 비단과 향수로 유명했다.

9) 윤회(saṃsāra)는 아홉 단계로 구분된다. 욕계가 첫 단계이다. 초선이 둘째 단계, 제2선이 셋째 단계, 제3선이 넷째 단계, 제4선이 다섯째 단계이다. 무색계의 네 상태들은 여섯째부터 아홉째 단계이다. 본문에서 무소유처를 일곱 번째라고 한 것은 욕계를 제외하고 초선부터 시작해서 일곱째이다. 즉, 일곱 번째 선의 단계를 말한 것이다. 보통은 색계의 4선(rūpa-jhāna)과 무색계의 4선(arūpa-jhāna)으로 구분한다. — 옮긴이 주

윤회 : 삼계와 아홉 천국 (아래에서부터 읽음)

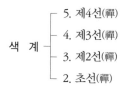

무색계
┌ 9. 윤회의 정상(非想非非想, n' eva sañña n' āsaññayatana)
├ 8. 무(無所有處, ākincaññayatana)
├ 7. 무한한 의식(識無邊處, viññānancāyatna)
└ 6. 무한한 공간(空無邊處, ākāsānancāyatana)

색 계
┌ 5. 제4선(禪)
├ 4. 제3선(禪)
├ 3. 제2선(禪)
└ 2. 초선(禪)

욕 계 ── 1. 첫 단계
- 신
- 아수라
- 인간
- 동물
- 아귀
- 지옥

10) 정신적 집중(삼매, samādhi) : 사마디의 한자 표기인 삼매(三昧)라는 말은 우리말처럼 보편적으로 쓰이고 있다. 사마디는 '집중'이라는 뜻으로, 명상할 때 마음을 한 대상에 집중해서 산만한 생각을 막는 것을 가리킨다. ─옮긴이 주

11) '마라'는 악마라는 뜻이다. 불교에 따르면 다섯 종류의 악마가 있다고 한다. 그것은 ① 오온(五蘊, Khandha) ② 부도덕적인 행동 ③ 죽음 ④ 번뇌 ⑤ 악마인 마라이다.

12) 붓다가 이 나무의 그늘에 앉아 깨달음을 얻었기 때문에 보리수

(Bodhi Tree), 즉 깨달음의 나무라고 부른다. 그 나무에서 증식된 나무들도 보리수라고 불리고 있다.

13) '붓다(Buddha)'라는 말은 '이해하다'라는 동사의 어근인 '부드 (budh)'에서 파생된 것이다. 그는 네 가지의 신성한 진리(四聖諦)들 을 깨달았기 때문에 '붓다'라고 불린다. 그의 제자들은 스승을 '붓 다'라고 불렀고, 붓다가 자신을 지칭할 때는 '여래(如來, 따타가따)'라 고 불렀다. '따타가따'는 '그와 같이 옴' 혹은 '그와 같이 감'이라는 뜻이다.

14) 비슈누 신(神) : 힌두교는 브라마(범천, Brahma)와 비슈누, 시바라는 세 신을 중심으로 전개되었다. 그 세 신은 각각 우주의 창조와 유 지, 파괴를 담당한다고 한다. 브라마 신은 우빠니샤드의 철학자들 이 탐구한 우주의 근본원리인 브라만이 인격화된 것이다. 인도의 중세 이후에는 브라마 신보다는 비슈누 신과 시바 신에 대한 믿음 이 더 광범위하게 퍼졌다. 비슈누 신앙의 특징은 '화신(化身)' 사상 이다. 반신인 아수라가 나타나서 세상이 혼란해지면, 비슈누 신은 동물이나 반인(半人)이나 인간의 모습으로 세상에 화신하며, 세상 의 정의를 회복시키고 나면 다시 천국으로 돌아간다고 한다. 비슈 누 신이 화신하는 열 가지 모습 중에 붓다도 포함된다. 힌두교도들 은 붓다를 비슈누의 화신으로 보기 때문에, 불교가 힌두교의 일부 에 속한다고 생각하는 사람들이 적지 않다. — 옮긴이 주

제2장

1) 기쁨의 찬가(우다나 가타, Udāna Gāthā)

2) 《법구경(法句經, Dhammapada)》: 《법구경》은 가장 널리 알려진 빠알 리경전 중의 하나이다. 그것은 붓다의 가르침을 명확하고 간결한 시 구로 표현한 것들을 모아 놓은 것이다. 그 시구들은 붓다가 45년 동 안 설한 여러 가르침들로부터 발췌된 것이다. 《법구경》은 쿠닷까 니

까야(Khuddaka Nikāya)의 두 번째 책이며, 여러 가지 제목 아래 26장에 걸쳐 423개의 시구로 구성되어있다.《법구경》에는 불교의 기본적인 교리들이 담겨있다. ─ 옮긴이 주

3) 보살(Bodhisattva) : 붓다의 경지를 열망하는 사람을 '보디쌋따(Bodhisatta)'라고 부른다. '보디'는 깨달음이라는 뜻이고, '쌋따'는 '존재'라는 뜻이다.

4) 연기법(緣起法, paticca samuppāda) : 의존적인 발생, 또는 인과의 고리로 번역된다. 모든 물리적 현상이나 정신적 현상들은 이미 선행된 물리적 요소나 정신적 요소들에 의해서 결정된다는 원리를 설명한 것이며, 세계 전체는 인과적인 관계에 의해 끊임없이 변화하는 현상이라고 한다. 이 원리에 함축되어있는 것은 영원히 존재하는 독립적인 실체는 없다는 것이다. 중생이 윤회하는 과정을 열두 단계의 연기법으로 설명하는 것이 십이연기법이다. 늙음과 죽음은 선행된 출생 때문이며, 출생은 이미 선행된 생성과정 때문이며, 생성은 생명에 대한 집착 때문이며, 집착은 갈애 때문이며, 갈애는 느낌 때문이며, 느낌은 접촉 때문이며, 접촉은 감각기관 때문이며, 감각기관은 개체 때문이며, 개체는 의식 때문이며, 의식은 업 때문이며, 업은 무지 때문에 생긴다. ─ 옮긴이 주

5) 붓다가 서있었던 이 자리에 아쏘까 왕이 탑을 세웠다. 그 탑은 '깨달음의 눈의 탑(覺目塔)'이라 불리며, 현재도 보존되고 있다.

6) 아비담마(abhidhamma) : 대법(對法), 향법(向法), 승법(勝法), 무비법(無比法), 논(論) 등으로 번역된다. 아비담마는 본래 '담마(教法)에 관한 연구'를 의미했다. ─ 옮긴이 주

7) 붓다가 아비담마라는 보배에 대해서 명상한 방이기 때문에 그렇게 부른다.

8) 자따까(Jātaka) : 본생경(本生經) 혹은 본생담(本生譚)이라고 번역된다. 붓다의 전생을 기술한 설화들이다. 붓다는 깨달음을 얻기 전의 전생

동안에 공덕을 많이 쌓았고, 깨달음을 얻기 위해서 많은 노력을 했던 결과로 이생에서 깨달음을 얻을 수 있었다는 것을 말하기 위해서 이런 설화들이 많이 기술되었다. ─ 옮긴이 주

9) 이 사건은 붓다가 깨달음을 얻은 후에 일어났기 때문에, 그런 유혹은 번뇌가 될 수 없었다.

10) 이 뱀왕은 인간이 아니었다. 얼마 동안 인간의 형상으로 가장하고, 승복을 입은 비구로 살던 뱀의 이야기가 율장(律藏, Vinaya)에도 인용되어 있다.

11) 신(神)들은 천국이나 지상에 살며, 대체로 육안에는 보이지 않는다. 데바따라는 이 특정한 신은 두 상인들과 전생에 인연이 있었다.

12) 주석서에는 붓다가 네 개의 밥그릇을 하나로 줄이기를 바랐다고 나와 있다.

13) 아직 승가가 생기지 않았던 때이므로 붓다와 붓다의 가르침에만 귀의했다. 두 개종자가 경배할 대상을 달라고 붓다에게 청하자, 붓다는 자신의 머리카락을 몇 개 뽑아서 그들에게 주었다고 자따까의 주석서는 기술하고 있다. 그 머리카락은 유물로 남았으며, 미얀마의 수도 랑군에 있는 쉐다곤 파고다에 있다고 한다.

─────────────────────────── 제3장

1) 여기서의 법(法)은 빠알리로는 '담마(Dhamma)', 싼쓰끄리뜨로는 '다르마(Dharma)'이며, 붓다의 가르침을 말한다. 불법승(佛法僧)의 삼보(三寶)에서 법은 붓다의 가르침을 뜻한다.

'담마'는 '지탱하다, 유지하다'라는 뜻의 동사에서 파생된 명사이다. 따라서 '인간의 행위를 지탱하는 것'이나 '행위의 규범' 등을 의미한다. 관례나 습관, 의무, 제도, 법률 등이 될 수도 있다. 또한 그런 규범들이 목표로 삼는 진리, 도덕, 정의를 의미할 때도 있다. 또한 담마는 진리나 절대자를 의미하기도 한다. 종교적 행위의 규범이라는 점

에서는 제사 행위나 종교를 가리키기도 한다. 그런 규범을 설하는
가르침도 담마이다. ― 옮긴이 주

2) 붓다는 처음에는 자신이 이해한 법의 심오함에 대해서 고찰했을 뿐
이며, 천안통으로 세상을 둘러보지 않았다.

3) '열반'이라는 내용을 '불멸(不滅)'이라는 긍정적인 말로 표현했다.

4) 브라마를 범(梵), 범천(梵天), 범왕(梵王) 등으로 음역한다. 색계의 초
선천(初禪天)의 주인으로서 붓다가 세상에 나올 때, 제일 먼저 설법
을 부탁한다고 한다. ― 옮긴이 주

5) 그는 고행자 고따마의 첫 번째 스승으로서, 무(無)의 세계에 도달하
는 선을 가르쳤다.

6) 그는 고행자 고따마의 두 번째 스승으로서, 세속에서의 정신적 발달
의 최고 상태인 '지각도 비지각도 아닌 상태'를 가르쳤다.

7) 붓다는 스승의 도움 없이 혼자서 깨달음을 얻었기 때문에 스승이
없다고 말했다. 깨달음을 얻기 전에 만난 스승들이 있지만, 그 누구
도 붓다의 경지에 이르는 방법을 가르쳐 주지 않았다. 그렇기 때문
에, 불교는 힌두교에서 발전된 것이 아니다.

8) 아라한(arahant) : 붓다의 생존시에는 붓다를 아라한이라고도 불렀
다. 그러나 후대에 와서 아라한은 특별한 의미를 지니게 되어, 불교
수행의 최고 경지 네 단계 중의 최고의 성자를 가리키게 되었다. 번
뇌는 더 많은 업을 만들기 때문에 중생을 감각적 세계에서 계속 윤
회하게 한다. 아라한과(阿羅漢果)에 오른 사람은 모든 번뇌가 소멸된
사람이라고 한다. 소승불교에서는 최고의 수행 경지가 아라한과이지
만, 대승불교에서는 아라한이 완전한 경지가 아니라고 비판하며, 아
라한도 붓다의 경지에 오르기 위해서 노력해야 한다고 말한다. ― 옮
긴이 주

9) 예류과 : 열반에 도달하는 강물을 건너기 위해서 물 속에 막 들어간
사람을 가리킨다. 예류과의 단계에 도달한 사람은 최대한 일곱 번만

더 윤회에 환생한 후에는 열반에 도달할 수 있다. 불교 수행에 있어서 최고 경지의 네 단계 중 첫 번째이다. ─옮긴이 주

1) '담마차크라(法輪)'는 '진리의 수레바퀴', '정의의 수레바퀴', '정의의 왕국' 등으로 해석된다. '담마(法)'는 '지혜'를 의미하고 '차크라(輪)'는 '성립'을 의미한다. 따라서 담마차크라는 '지혜를 성립시킴' 혹은 '지혜를 세움'이며,《전법륜경》은 '지혜를 세운 것에 대해서 설명한다'라는 뜻이다.

2) 여기서의 '나'는 아난다를 말한다. ─옮긴이 주

3) 현재의 싸르나트에 있다. 붓다가 전생에 암사슴과 뱃속에 있는 새끼를 구하기 위해서 자신의 목숨을 희생한 일이 있었던 장소이다. 그때의 이름이 '싸랑가 나타' 즉, 사슴의 보호자라는 뜻이었는데, 그 이름을 따서 그 지역을 일컫게 되었다고 한다.

4) 이런 극단은 물질주의자들의 견해이다.

5) 붓다는 그런 극단들이 쓸모 없다는 것을 직접 개인적으로 경험해서 잘 알았다. 그는 그 두 극단적인 견해들을 비판하고, 완전한 순수와 완전한 해탈을 가져올 수 있는 실제적이고 합리적이며 유용한 방법을 제시했다.

6) 이런 극단은 전통적으로 내려오던 고행자들의 관습이며, 다섯 비구들의 고행은 이런 견해에 집착하는 것이다.

7) 주의 깊음(sati) : 염(念), 억념(憶念), 정념(正念), 기억(記憶) 등으로 번역한다. 빠알리로는 싸띠(sati), 싼쓰끄리뜨로는 쓰므리띠(smṛiti)라고 한다. 붓다의 가르침을 잘 기억하며 방심 않고 항상 주의 깊게 생각하는 것을 말하는데, 우리 말로는 한마디로 적절하게 표현하기가 어렵다. ─옮긴이 주

8) 고집멸도(苦集滅道)라는 네 가지 원리를 자각함으로써 붓다가 깨달

음을 얻었기 때문에 그것들을 네 가지 신성한 진리들(四聖諦, cattari-ariya-saccāni)이라고 부른다. 이 진리들은 고통에 관한 신성한 진리, 고통의 원인에 관한 신성한 진리, 고통의 소멸에 관한 신성한 진리, 고통의 소멸로 이끄는 길에 관한 신성한 진리이다. ─옮긴이 주

9) 이것은 영원주의와 관련된 갈망이다.

10) 이것은 허무주의와 관련된 갈망이다.

11) 열반(닙바나)을 말한다.

12) 세 가지 측면들은 진리에 대한 지식, 진리의 기능에 대한 지식, 그 기능이 완성되었음을 아는 지식이다. 각각의 진리는 이 세 가지의 측면을 갖고 있다. 그래서 네 가지 진리는 열두 가지 형태로 되어 있다. ─옮긴이 주

13) 그가 먼저 성자의 첫 단계인 예류과에 도달하고, 다른 비구들은 나중에 예류과에 도달했다.

─────────────────────────────────────── 제5장

1) 우안거(雨安居) : 인도의 장마철은 여름철 3~4개월쯤 계속된다. 비가 오면 무성한 풀숲 속에 작은 벌레들이 많이 번식한다. 그래서 우기에 부주의하게 풀을 밟고 다니면 작은 벌레들을 살생하기가 쉽기 때문에, 수행자는 돌아다니지 않고 한 곳에 머물면서 명상을 한다. ─옮긴이 주

2) 진리의 눈은 법안(法眼)을 말한다. 여기서는 불교의 네 단계 성자들 중 아래의 세 단계인 예류과(預流果, Sotāpanna), 일래과(一來果, Sakadāgāmi), 불환과(不還果, Anāgāmi) 중의 하나를 가리킨다.

3) 쎄니야 빔비싸라 왕은 라자가하가 수도인 마가다 왕국의 왕이었다. 그는 불교 역사에서 최초로 왕실 후원자가 된 사람이었다. 그의 배은망덕한 아들인 아자따쌋뚜는 데바닷따 장로에게 선동되어 아버지를 잔인하게 죽였다. 그러나 아자따쌋뚜는 나중에 주요한 재가불교

도 중의 한 사람이 되었으며, 제1차 결집을 개최하는 데 주도적인 역할을 했다.

—————————————————————————— 제6장

1) 일래과는 예류과보다 높은 수행의 경지이다. 일래과에 도달한 사람은 한 생만 더 윤회하면 열반에 도달한다. ─ 옮긴이 주

2) 불환과는 일래과보다 높은 수행의 경지이다. 불환과는 인간을 감각적 세계에 매어두는 다섯 가지 장애, 즉 ① 자아의 실체가 있다고 믿는 것 ② 의심 ③ 그릇된 종교의식이나 규칙들을 믿는 것 ④ 감각적 욕망 ⑤ 악의 등을 다 없앴기 때문에 예류과나 일래과보다 더 뛰어나다. 그는 갈망의 족쇄에서는 벗어났지만, '존재의 족쇄'에서 벗어날 일이 남았다. 그는 천국이나 초감각적 세계에서 계속 존재할 것이다. 불환이라는 것은 그가 감각적 세계로 돌아오지 않는다는 말이다. 그는 천국에서 열반을 얻을 것이다. ─ 옮긴이 주

—————————————————————————— 제7장

1) 여기서 열거된 여덟 가지 항목들은 오늘날의 기준으로는 이해하기 힘든 것이다. 그러나, 당시의 인도 사회는 남녀차별이 심했기 때문에, 당시의 기준에 따라 이 규정에도 남녀차별이 심하다. 전 세계적으로 남자들이 지배하던 사회가 최근까지 계속되었으므로, 이 계율들이 지금까지 그대로 전해져 오고 있다. 남녀평등을 당연하게 받아들이는 사회가 된다면 이 규정들은 의미가 없어질 것이다. ─ 옮긴이 주

2) 33천(三十三天) : 욕계에는 여섯 개의 천(天)이 있는데, 그중에서 두 번째 천인 도리천(利天)을 말한다. 도리천은 싼쓰끄리뜨의 뜨라야스뜨링샤(trāyastriṃśa)를 음역한 것이다. '천'은 싼쓰끄리뜨의 데바(deva)를 번역한 것이다. 천계(天界), 천상(天上), 천도(天道)라고도 번역한다. 천은 윤회하는 여섯 종류의 중생들 가운데 최고의 중생인

신(神)을 가리키기도 하고, 그들이 사는 곳을 가리키기도 한다. 욕계의 여섯 천을 아래로부터 열거하면, ① 사대왕중천(四大王衆天 : 지국천(指國天), 증장천(增長天), 광목천(廣目天), 다문천(多聞天) 등의 사대왕과 그 권속이 머무는 곳), ② 33천, ③ 야마천(夜摩天), ④ 도솔천(兜率天), ⑤ 화락천(化樂天), ⑥ 타화자재천(他化自在天, 혹은 魔天)이다. ─ 옮긴이 주

3) 까시 출신의 바라드바자라는 사람에게 설한 경. ─ 옮긴이 주

제9장

1) 제1차 결집에서 율장을 암송한 사람이 우빨리였다.

2) 싸리뿟따와 목갈라나는 사리불과 목련존자라는 이름으로 우리에게 잘 알려져 있다. ─ 옮긴이 주

3) Encyclopedia of Religion and Ethics, Vol.7, p.567과 T. W. Rhys Davids' Buddhist Birth Stories를 참조.

제10장

1) 열반(涅槃, nibbāna) : 열반은 싼쓰끄리뜨의 니르바나(nirvāṇa)를 음사한 것이다. 멸(滅), 적멸(寂滅), 멸도(滅度), 적(寂)이라고도 번역한다. 해탈(解脫)과 동의어로 쓰인다. 빠알리로 닙바나는 닙부따(nibbuta)라는 말과 관련된다. 닙부따는 '(바람을) 불어서 차갑게 식히다'나 '번뇌가 없어지다'라는 뜻을 가진 동사 닙바띠(nibbati)의 과거분사이다. 초기 불교에서 닙부따는 '탐욕과 미움과 무지의 불이 꺼진 사람'이라는 의미로 많이 쓰였다. 불교 초기의 경전에서만 바람과 불에 비유해서 닙바나를 설명한 예들이 나온다. 초기 이후에는, 바람을 불어 불을 끈다는 비유보다는 다른 방법을 써서 불을 끄는 비유가 많이 나온다. 타고 있는 불에 바람을 불면 불이 꺼지지 않고 더 잘 타기 때문에, 불을 끄려면 무엇인가를 그 위에 덮어서 더 연소되지 않게

쉽게, 깊이 읽는 불교입문

하거나, 타는 연료를 불 밖으로 제거함으로써 불을 꺼야 하기 때문이다. 닙바나의 의미에는 ① 불 밖으로 나감 ② 건강(몸에 열이 날 때 열을 제거함으로써 건강해진다는 의미) ③ 탐욕과 미움과 무지의 불을 가진 마음 밖으로 나옴 ④ 편안하고, 평화롭고, 기쁘고, 해방된 마음의 상태 등이 있다.

깨달음을 얻은 붓다들은 번뇌가 모두 사라졌기 때문에 열반의 상태에 들어갔지만, 이 세상에서 수명이 남아 있는 동안은 육신을 갖고 있어야 한다. 그래서 그것을 불완전열반(유여열반)이라고 한다. 수명이 다해 육체적 구성요소들이 해체되면, 열반이 완전하게 된다. 그것을 완전열반(무여열반, pari-nibbāna)이라고 한다.

대승불교에서는 니르바나의 개념이 철학적으로 발전되어, 니르바나를 공성(空性, śūnyatā)과 붓다의 본질인 법신(法身, dharmakāya)과 궁극적인 실재인 법계(法界, dharmadhātu) 등과 동일시했다. ─ 옮긴이 주

2) 이것을 사여의족(四如意足) 혹은 사신족(四神足)이라고 번역한다. 신통력은 의도를 집중하고, 노력하고, 의식을 집중하고, 조사를 집중하는 것 등에 의해서 얻어지기 때문에 이 네 가지가 신통력을 얻는 길이라는 뜻으로 사여의족이라고 한다. ─ 옮긴이 주

3) 악마에는 다섯 종류가 있다. ① 악마(神) ② 번뇌(欲念) ③ 업력(業力)에 의한 행동 ④ 오온(육체·감각·사유·의지·의식) ⑤ 죽음 등이다.

4) 제자가 법을 필요로 하지 않으면 스승은 입을 다문다. 환자가 병을 치료하고 싶어해야 의사가 필요하듯이, 법을 듣고 싶어하는 사람이 있어야 붓다가 세상에 남아 있을 필요가 있는 것이다. 아난다가 붓다에게 오랫동안 이 세상에 머물러 달라고 부탁했더라면 붓다는 백 살 이상까지 살면서 많은 사람들에게 법을 설할 수 있었을 것이다. 그러나 아난다가 붓다에게 더 오래 살라고 청하지 않은 것은 붓다를 필요로 하지 않는다는 의미로 통할 수 있다. 그래서 붓다는 생명을 연장시키지 않고 그냥 세상을 떠나기로 했다. 아난다가 청했더라

면, 붓다는 더 오래 살아서 많은 사람들에게 법을 가르치며 도움을 줄 수 있었을 것이다. 아난다가 그렇게 청하지 않은 것이 실수인 것이다. ― 옮긴이 주

5) 어떤 주석서에는 이것이 어린 멧돼지 고기였다고 하고, 다른 주석서에는 버섯요리였다고 한다.

6) 그 버섯요리가 상했다는 것을 붓다는 이미 알고 있었기 때문에 다른 사람들에게는 그 요리를 먹지 말라고 한 것이다. 붓다가 그 음식을 먹으면 죽으리라는 것을 알면서도 그것을 먹은 것은 자신이 이세상을 떠날 때가 되었다는 것을 알았기 때문이다. ― 옮긴이 주

7) 쭌다가 귀한 버섯요리를 마련해서 공양을 올렸는데, 그 음식을 먹고 붓다가 고통을 받았다는 것을 알면 쭌다가 괴로움을 느낄까봐 붓다는 애써 고통을 참았다. ― 옮긴이 주

8) 이 고행자 쑤밧다는 또 한 명의 쑤밧다와 구별해야 한다. 다른 쑤밧다는 늙은 나이에 승가에 들어왔는데, 붓다의 죽음이 슬퍼할 일이 아니라고 말했던 사람이다. 그는 붓다가 돌아가시면, 비구들이 스승의 명령에 얽매이지 않고 무엇이든 마음대로 할 자유가 생기니까 슬퍼할 필요가 없다고 했다. 그런 뜻밖의 말을 듣고 깟싸빠 비구는 법과 계율에 대한 토론을 할 집회를 즉시 소집했다.

9) 예류과는 초과(初果)라고도 하며, 불교에서 성자(聖者)의 네 단계 중처음 단계이다. 성자의 흐름에 들어섰다는 의미로 예류과라는 이름이 붙었다. 예류과에 도달하면, 앞으로 7번 더 윤회에 태어난 후 깨달음을 얻게 된다. 번뇌를 완전히 끊기 위해서는 인간세상에 다시 한번 태어나서 깨달음을 얻어야 하기 때문에 일래과라는 이름이 붙었다. 불환과는 정토에 태어나 다시는 이 세상에 돌아오지 않고 열반에 도달하게 된다. 아라한과는 무학과(無學果)라고 하여 일체의 번뇌를 끊고 영원히 열반에 들어, 다시는 생사에 윤회하지 않는 완전한 성자의 경지이다. ― 옮긴이 주

10) 쑤밧다가 4개월의 행자기간을 마치고 나면 붓다는 이미 세상을 떠났을 것이다. 붓다가 세상에 아직 남아 있을 때 비구계를 주기 위해서 예외를 적용한 것이다. ─옮긴이 주

11) 붓다가 세상을 떠나기 전에 그의 제자들은 그의 가르침에 대해서 모두 확신을 갖고 있었다. 붓다는 그것을 확인하기 위해서 제자들에게 질문할 기회를 준 것이다. ─옮긴이 주

12) 아난다 비구는 이 말을 듣고 용기를 얻어 아라한과에 도달했다고 한다.

13) 선(jhāna)이란 마음을 하나의 대상에 집중해서 숙고하는 것이며, 고요함과 지혜를 함께 닦는 것을 말한다. 부파불교 등에서는 심사희락(尋伺喜樂) 등이 있는지 없는지에 따라서 선을 네 종류로 나누어서 사선(四禪)이라고 부른다. 사선을 닦으면 색계의 사선천(四禪天)에 태어난다고 한다. ─옮긴이 주

14) 이들은 색계의 사선천이다.

15) 이들은 무색계의 사선천이다.

16) 이들은 무색계의 사선천이다.

────────────────────────────── 제11장

1) 악업(惡業)을 피하는 것이 선업(善業, Kusala Kamma)이다.

2) 과거에는 식물에 생명이 있느냐는 것에 관해서 여러 가지 의견이 있었다.

3) 여기서도 여성을 비하하는 풍조가 보인다. 여성을 남성과 동등한 인격체로 생각하지 않았던 사회의식이 이런 표현을 가져 왔다. ─옮긴이 주

4) 사물은 여러 가지 원인과 조건들이 결합해서 일시적으로 만들어졌다가, 다른 원인이나 조건을 만나서 이전의 것이 사라지고 다른 것이 생겨난다. 어떤 독립적인 실체를 갖고 있으면서 어떤 조건에서도 변

하지 않는 현상이란 존재하지 않는다. 원인과 조건이 만나서 어떤 결과가 생기고, 그 결과가 다른 원인과 결합하여 또 다른 결과가 나오는 인과의 법칙이 우주에 편재하여 있다. 그렇게 인과법칙에 따라 계속 변하는 것이 사물의 실제 모습이다. 그러나 사람들은 사물이 영원한 실체를 갖고 있다고 오해함으로써 갈망하고 집착한다. 그런 집착들이 의식에 흔적을 남기는데 그것을 업력이라고 한다. 업력이 남아 있는 한 우리는 계속 윤회를 헤매게 된다. — 옮긴이 주

5) 중생(衆生)은 생사를 반복하는 윤회 속에 있는, 지각 있는 일체의 생물을 지칭하는 불교용어이다. — 옮긴이 주

6) 불교의 우주관에서는, 중생이 열반을 얻을 때까지 계속해서 태어나고 죽는 것을 반복하는 윤회 세계를 세 가지 영역으로 구분해서 욕계, 색계, 무색계라는 삼계(三界)가 있다고 한다. 삼계의 본래 의미는 공간이나 지역적 세계를 뜻하는 것이 아니라 마음의 상태를 나타내는 것이다.

   욕계는 가장 하위의 세계로서, 형태와 소리, 냄새, 맛, 감촉, 현상을 지각하는 여섯 가지 감각기관을 지닌 존재들이 살고 있는 곳이다. 욕계에는 신, 아수라, 인간, 짐승, 배고픈 귀신(아귀), 지옥중생이 각각 살고 있는 여섯 가지의 영역이 있다.

   욕계의 위에는 미세한 물질로 이루어진 색계가 있다. 색계에는 맛, 냄새, 감촉의 세 감각들은 존재하지 않지만, 여기에 거주하는 신들은 아직 형상을 갖고 있기 때문에 이 세계를 형태 있는 세계(色界)라고 부른다. 욕계에서 색계의 4선(rūpa-jhāna)을 닦은 사람이 죽으면 색계에 태어난다.

   색계의 위에는 무색계가 있다. 무색계에는 형태와 소리까지 없으며, 비물질적인 세계이므로 형태 없는 세계(無色界)라고 부른다. 4무색정(四無色定, arūpa-jhāna)을 닦으면 죽은 후 무색계에 태어난다고 한다. 4무색정은 공무변처(空無邊處), 식무변처(識無邊處), 무소유처(無所有

쉽게, 깊이 읽는 불교입문

處), 비상비비상처(非想非非想處)이다. 그것들은 물질적인 속박에서 벗어난 수행자가 가지는 마음의 경계를 네 단계로 나눈 것이다. 공무변처는 허공이 무한한 것임을 아는 것이고, 식무변처는 마음이 허공과 같이 무한한 것임을 아는 것이다. 그리고 무소유처는 생각의 대상이 아무 것도 없음을 아는 것이고, 비상비비상처는 지각이 있는 것도 아니고 없는 것도 아님을 아는 것이다. ─옮긴이 주

───────────────────────────────── 제12장

1) "과거에는 아이였고, 미래에는 부모가 될 사람이 현재의 나인 것이다." ─헉슬리

2) 무지(無知) : 사람과 모든 현상이 본질적으로 독립적이고 영원한 실체를 갖고 있지 않다는 사실을 모르는 것을 무지라고 한다. ─옮긴이 주

3) 윤회는 '계속해서 방황한다'는 뜻이다. 윤회는 육체·감정·생각·의지·의식이라는 오온(五蘊)과 지수화풍(地水火風)의 요소들과 감각기관들이 결합해서 계속 이어지는 과정이다. ─옮긴이 주

4) 오온(五蘊, pancaskandha) : 온은 빠알리의 칸다(khandha), 싼쓰끄리뜨의 스깐다(skandha)를 번역한 것이다. '칸다'는 요소들의 집단을 의미한다. 인간이라는 것은 다섯 가지 요소의 집단들로 구성되어 있다. 첫 번째 요소의 집단은 신체(色, rūpa)를 말한다. 두 번째 요소의 집단은 느낌(受, vedanā)이며, 세 번째는 지각(想, saññā), 네 번째는 의지(行, saṅkhāra), 다섯째는 의식(識, viññāṇa)이다. 각각 요소의 집단은 끊임없이 변화하고 있다. 개인의 신체적 성격은 신체의 요소가 끊임없이 변화하는 과정이다. 느낌과 지각, 의지와 의식의 요소들도 마찬가지다. 이 다섯 가지 요소의 집단들에 의해 구성된 전체적인 변화과정이 개인의 역사이다. 항상 변화하고 있는 이 다섯 요소의 집단들이 개인을 구성하는 것이다. 그와 같이 개인은 하나의 변함없는

실체가 아니라, 항상 변화하는 오온이 일시적으로 모여서 구성된 것
이다. — 옮긴이 주

─── 제15장

1) 팔정도(八正道, āryāstāṅgamārga)：팔성도(八聖道)라고도 한다. 팔정도
는 고행과 쾌락이라는 두 극단을 떠난 중도이며, 깨달음으로 이끄는
합리적인 올바른 방법이기 때문에 정도(正道)라고 하고, 성인의 도이
기 때문에 성도(聖道)라고도 한다. ① 올바른 이해(正見) – 네 가지 신
성한 진리나 연기법 등 불교의 세계관을 올바르게 이해하는 것을 말
한다. ② 올바른 사고(正思惟) – 감각적 욕망과 사악함과 잔인함 등
에 기인한 태도를 버리고 올바르게 생각하는 것을 말한다. ③ 올바른
말(正語). ④ 올바른 행동(正業). ⑤ 올바른 생계(正命). ⑥ 올바른 노
력(正精進) – 악과 부도덕한 마음을 피하며, 선한 마음을 유지하려고
노력하는 것이다. ⑦ 올바른 주의 깊음(正念) – 불교의 가르침을 기억
하며, 자신의 신체와 느낌과 생각에 대해서 주의 깊게 자각하는 것
이다. ⑧ 올바른 집중(正定) – 마음을 한 곳에 집중하는 것, 즉 삼매
를 수행하는 것이다. 이상의 여덟 가지는 단계별로 수행하는 것이 아
니라, 여덟 가지 모두가 서로 보완하는 역할을 하므로 동시에 실행해
야 한다. — 옮긴이 주

2) ① 살생하지 말라 ② 도둑질하지 말라 ③ 간음하지 말라 ④ 거짓말
하지 말라 ⑤ 술을 마시지 말라 ⑥ 정오 이후에 음식을 먹지 말라
⑦ 춤추거나, 노래하거나, 악기를 연주하거나, 보기 흉한 구경거리를
보거나, 몸을 꽃다발이나 향수, 기름으로 장식하지 말라 ⑧ 높고 화
려한 침상에 앉지 말라.

3) ① 살생하지 말라 ② 도둑질하지 말라 ③ 간음하지 말라 ④ 거짓말하
지 말라 ⑤ 술 마시지 말라 ⑥ 정오 이후에 음식을 먹지 말라 ⑦ 춤
추거나, 노래하거나, 음악을 연주하거나, 보기 흉한 구경거리를 보지

말라 ⑧ 꽃다발, 향수와 기름 등으로 몸을 장식하지 말라 ⑨ 높고
화려한 침상에 앉지 말라 ⑩ 금화나 은화를 지니지 말라.

4) 별해탈계(別解脫戒, pātimokkha) : 200개 이상의 항목에 걸쳐 승려들
   이 지켜야 할 규범들을 적어 놓은 계율. 그 항목들 중의 어느 것이라
   도 위반한 사람은 정해진 우뽀쌋따(포살) 날에 그 절의 모든 승려들
   이 모인 앞에서 자신의 잘못을 고백하고 적절한 벌을 받는다. ─ 옮긴
   이 주

─────────────────────────────── 제17장

1) 사실, 이 책은 제3차 결집에서 목갈리뿟따 장로가 편집한 것이다.
2) 삼장(三藏, Tipitaka) : 경장, 율장, 논장을 합쳐 삼장이라고 부른다. 즉,
   불교경전들을 총칭하여 '삼장'이라고 부른다. ─ 옮긴이 주
3) 이 조항들은 승려들의 계율에 관한 것이다. 몇 가지는 재가신도들이
   이해할 수 없는 것들이다.

─────────────────────────────── 제18장

1) 붓다가 열반에 든 것이 기원전 543년이라고 한다면, 아쏘까의 즉위
   식은 기원전 325년이었을 것이다. 어떤 사람들은 즉위식이 기원전
   270년이나 269년이었다고도 한다.
2) 여기서 주의 깊다는 것은 붓다의 가르침을 주의 깊게 기억한다는 것
   을 의미한다. 즉, 붓다가 가르친 도덕적인 행동을 하는 데 주의를 기
   울이는 것을 말한다. ─ 옮긴이 주
3) 네팔은 히말라야 지역에 속했을 것이다.

─────────────────────────────── 제19장

1) 행운경(祝福經, Maṅgala Sutta)은 '쑷따 니빠따(Sutta Nipata)'와 '쿳다까
   니까야(Khuddaka Nikāya)'에 나온다.

2) 랍띠 강변에 있는 현재의 싸헤뜨-마헤뜨로 추정된다.

3) 아나타삔디까는 '가난한 사람에게 보시를 하는 사람'이나 '버림받은 사람들을 먹이는 사람'이라는 뜻이다. 그의 본명은 쑤닷따였다. 그는 불교로 개종한 후, 제따 왕자의 소유였던 아름다운 숲을 사서 사원을 짓고, '제따바나라마'라는 이름을 붙였다. 붓다는 많은 시간들을 이 사원에서 보냈다.

4) 어느 날, 대중이 모이는 강당에서 흥미 있는 토론이 벌어졌는데, 주제는 무엇이 행운인가라는 것이었다. 사람들의 의견은 다양했다. 어떤 사람은 이른 아침에 보는 기분 좋은 광경, 즉 아이와 함께 있는 엄마나 어린 소년, 흰 소를 보는 것을 행운이라고 했다. 또 어떤 사람은 '성공'이나 '행운' 같은 기분 좋은 말을 듣는 것이 행운이라고 했고, 또 다른 사람은 향기로운 꽃향기를 맡거나 땅을 밟는 것처럼 즐거운 경험을 하는 것이 행운이라고 말했다.

사람들의 의견이 분분해서 세 파로 분열되었다. 그런 분파적인 싸움이 극에 달하자, 신들의 세계에까지 이 소식이 전해졌다. 그 논쟁이 해결되기 전에는 만족하지 않을 신들은 그들의 지혜로운 지도자인 삭까에게 문제를 해결해달라고 요청했다. 신중한 삭까 신은 어떤 신을 붓다에게 보내서 의견을 듣고 오라고 시켰다. 그 신은 붓다 앞으로 가서 시구로 이 문제를 물어보았다.

5) '행운'은 'maṅgala'를 번역한 말이다. maṅgala는 행복과 번영으로 이끄는 것을 의미한다고 해석하는 사람들도 있다. 'man'은 비참한 상태, 'ga'는 가는 것, 'la'는 자른다는 뜻이다. 이 세 가지 말이 모여서 '비참한 상태로 가는 길을 막는 것'이라는 뜻이 된다.

6) 비구, 비구니, 남녀 재가 수행자들이 계속해서 항상 머물고, 신심 있는 신도들이 10가지 선한 행동들을 하며, 법이 살아 있는 원칙으로 존재하는 곳을 말한다.

7) 자신의 부도덕함을 극복해서 도덕적으로 변화시키고, 믿음이 없으면

믿음을 갖고, 이기적인 마음을 이타심으로 변화시키는 것을 말한다.

8) 이것들은 아라한의 특징이다. 슬픔이 없고, 탐욕과 미움과 무지에 의해 오염되지 않고, 감각적 욕망과 잘못된 생각, 무지 등이 만드는 속박으로부터 벗어난 것을 말한다.

9) 이것들이 38가지의 행운이다.

10) 이 경은 Rhys Davids의 Buddhism, p.125와 Woodward의 Some Sayings of the Buddha, p.56에 나와 있다.

───────────────────────────────────── 제20장

1) 패망경(敗亡經, Parābhava Sutta). 붓다가 행운에 대하여 말한 행운경을 들은 신들이 만족하여, 이번에는 패망의 원인들을 듣고 싶어했다. 그래서 한 신을 붓다에게 보내 패망의 원인에 대해서 물었다.

───────────────────────────────────── 제21장

1) 자비경(慈悲經, Metta Sutta). 장마철이 다가오자, 몇 명의 비구들이 붓다에게 명상에 대한 가르침을 듣고서, 명상하기에 적당한 장소를 찾으러 갔다. 이리저리 돌아다니다가 한적하고 아름다운 장소에 도착했다. 그들은 거기에 머물며 해탈을 얻기 위한 명상을 하기로 결정했다. 그런데 그곳의 나무 꼭대기에 살고 있던 신들은 그 비구들이 온 것을 못마땅하게 여겼다. 비구들을 거기서 쫓아내기 위해서 신들은 밤중에 비구들이 명상하는 것을 방해했다. 그런 상황에서는 집중하기가 어렵다고 판단한 비구들은 붓다에게 돌아가서 그들의 경험을 말했다.

그래서 붓다는 자비경을 그들에게 가르치고, 그 장소로 돌아가서 배운 대로 행동하라고 충고했다. 비구들이 배운 대로 행하자, 그 주위가 모두 사랑스러운 밝은 생각으로 가득 찼기 때문에, 신들은 비구들이 머무는 것을 기뻐했다. 그래서 신들이 비구들의 정신적 발전을

방해하지 않고 최대한으로 비구들을 도왔다. 그 철의 우안거 동안에 그 비구들은 모두 아라한과에 도달했다.

이 설법은 지켜야 할 내용인 동시에 명상의 주제가 된다. 설법의 초반부는 자신의 행복을 원하는 사람은 누구나 실천해야 할 미덕들을 설명한다. 후반부는 자비나 선의를 실천하는 방법을 구체적으로 설명하고 있다.

———————————————————— 제22장

1) 호족경(虎足經, Vagghapajja Sutta).

2) 꼴리야족은 싸꺄족의 경쟁자였다. 씨닷타 왕자의 생모인 마하 마야 왕비는 꼴리야족에 속했고, 아버지인 쑷도다나 왕은 싸꺄족이었다. 꼴리야의 수도는 까삘라밧투에서 40마일쯤 동쪽에 있는 '라마가마'였다.

3) 호랑이로 들끓는 숲길에서 그의 조상들이 태어났기 때문에, 그렇게 불리었다. 비약가빳자는 디가자누의 성이다.

인명 및 지명-빠알리 원어 색인

쉽게, 깊이 읽는 불교입문

빠알리어 한글 표기 범례

　　빠알리어를 한글로 표기하는 기준은 아직 통일되어 있지 않다.
ka는 '까'에 가깝게 소리나지만, 외국어 표기법에서 경음을 쓰지
않는다는 원칙 때문에 '카'로 표기하는 예가 많았었다. 그러나 한
편으론 외국어를 한글로 표기할 때 원음을 살리는 방식으로 하자
는 목소리가 높아지고 있고, 최근에는 그런 경향으로 가고 있는
듯하다. 그러므로 이 책에서는 ka를 '까'로, ta를 '따'로, pa를 '빠'
로, sa를 '싸'로 표기했다. 그러나 kha는 k와 h가 매우 빠르게 연결
되면서 소리나기 때문에, '크하'의 두 음절을 아주 빨리 연결해서
마치 한 음절처럼 소리내야 한다. 한글로는 '카'라고 표기할 수 있
다. tha도 '타'라고 표기된다. 그러나 bha와 dha는 '브하'와 '드하'
를 빨리 연결할 때 나는 소리를 표기해야 하는데, 한글에서는 '브
하'를 한 음절로 표기할 글자가 없으므로, '바'로 표기했다. 따라서,
da와 dha를 동일하게 '다'로, ba와 bha를 '바'로, ja와 jha를 '자'로
표기했다. 장모음인 경우에는 동일 모음을 두 번 연결해서 써야

하지만, 표기가 너무 길어져 거추장스러운 느낌을 줄 것 같아 장모음을 구별하지 않았다. 즉, ā나 a를 동일하게 '아'로 표기했다. 예외는 '빠알리'이다. '빨리'라고 표기하면 우리 사회에서 흔히 쓰이는 '빨리 빨리'와 혼동할 염려가 있기 때문이다.

또한, 모음 앞에 두 자음이 연속된 경우에는 앞의 자음을 앞 음절에 'ㅅ' 받침으로 넣었다. buddha와 같은 경우에는 '붇다'가 되겠지만, '붓다'로 표기했다. 'ㄷ'으로 시작되는 음절의 바로 앞 음절에 'ㄷ' 받침이 올 때는 그 'ㄷ'을 'ㅅ'으로 표기한다는 외국어 표기법에 의거했다. 소리날 때는 '붇다'와 '붓다'가 동일음이 난다. 그러나 bb가 연결되면, 앞의 b는 앞 음절의 'ㅂ' 받침으로, 뒤의 b는 뒤 음절의 'ㅂ'으로 표기했다. la의 경우에는 ra와 구별하기 위해서 앞의 음절에 'ㄹ'을 받침으로 붙이고 다음 음절의 첫 소리에 'ㄹ'을 붙였다. mara는 '마라'가 되고, mala는 '말라'로 소리난다. 'v'의 소리는 영어의 'v'와 같은 소리가 나서, 마치 '와'처럼 들리지만, 'v'를 '와'로 통일한다면, 지금까지 우리가 흔히 쓰고 있는 몇 개의 단어의 경우에 혼동이 생길 것 같아 'ㅂ'으로 표기했다.

빠알리어 표기 용례표

a/ā	i/ī	u/ū	e	o	au	ai
아	이	우	에	오	아우	아이
k	kh	g	gh	ṅ/ṁ		
ㄲ	ㅋ	ㄱ	ㄱ	응		
c	ch	j	jh	ña		
ㅉ	ㅊ	ㅈ	ㅈ	냐		
t	th	d	dh	n		
ㄸ	ㅌ	ㄷ	ㄷ	ㄴ		
ṭ	ṭh	ḍ	ḍh	ṇ/ṃ		
ㄸ	ㅌ	ㄷ	ㄷ	응		
p	ph	b	bh	m		
ㅃ	ㅍ	ㅂ	ㅂ	ㅁ		
ya	l	r	v			
야	ㄹㄹ	ㄹ	ㅂ			
śa	ṣa	s				
샤	샤	ㅆ				

Wisdom of Mindfulness 005

쉽게, 깊이 읽는 불교입문

2000년 07월 01일 1판 1쇄 박음
2018년 03월 12일 개정판 1쇄 펴냄

지은이 나라다 스님
옮긴이 주민황
펴낸이 김철종
편집 장웅진 **디자인** 정진희 **마케팅** 오영일
인쇄제작 정민문화사

펴낸곳 숨
출판등록 1983년 9월 30일 제1 - 128호
주소 110 - 310 서울시 종로구 삼일대로 453(경운동) KAFFE빌딩 2층
전화번호 02)701 - 6911 **팩스번호** 02)701 - 4449
전자우편 haneon@haneon.com **홈페이지** www.haneon.com

ISBN 978-89-5596-838-5 03220

이 도서의 국립중앙도서관 출판예정도서목록(CIP)은 서지정보유통지원시스템
홈페이지(http://seoji.nl.go.kr)와 국가자료공동목록시스템(http://www.nl.go.kr/kolisnet)에서
이용하실 수 있습니다.(CIP제어번호: CIP2018006403)